C.H.BECK ■ WISSEN

Die Geschichte der Bundesrepublik Deutschland wurde lange als Erfolgsgeschichte erzählt. Leitmotive waren Verwestlichung, Liberalisierung, Zivilisierung und die erfolgreiche Aufarbeitung der NS-Vergangenheit. An dieser Lesart sind Zweifel aufgekommen. Zum einen stellt sich seit der Wiedervereinigung die Frage nach einer Nationalgeschichte jenseits des postnationalen Selbstverständnisses der alten Bundesrepublik mit neuer Dringlichkeit: Die Bundesrepublik ist nicht mehr der östlichste Frontstaat des Westens im Kalten Krieg. Sie findet sich als Macht in der Mitte des europäischen Kontinents wieder. Zum anderen verblasst das Deutungsmuster einer 1945/49 beginnenden *success story*, je stärker Fragen nach der Vorgeschichte gegenwärtiger Probleme in den Vordergrund treten. Damit rücken auch Gefährdungen der Demokratie, der Wandel von Institutionen und gesellschaftlichen Arrangements sowie neue außenpolitische Herausforderungen in den Blick.

Anschaulich und pointiert zeichnet Dominik Geppert vor diesem Hintergrund die Geschichte der Bundesrepublik von der Gründung bis zur Gegenwart nach. Sein Buch bietet eine konzise Einführung auf dem neuesten Stand der Forschung und ist gleichermaßen anregend wie informativ.

Dominik Geppert lehrt Geschichte des 19. und 20. Jahrhunderts an der Universität Potsdam. Bei C.H.Beck hat er (gemeinsam mit Nina Schnutz) herausgegeben: «Hans Werner Richter: Mittendrin. Die Tagebücher 1966–1972» (2012).

Dominik Geppert

GESCHICHTE DER BUNDESREPUBLIK DEUTSCHLAND

C.H.Beck

Für Anton, Charlotte und Paul

© Verlag C.H.Beck oHG, München 2021
www.chbeck.de
Reihengestaltung Umschlag: Uwe Göbel (Original 1995, mit Logo),
Marion Blomeyer (Überarbeitung 2018)
Umschlagabbildung: © Pool CHUTE DU MUR BERLIN/
Gamma-Rapho via Getty Images
Satz: C.H.Beck.Media.Solutions, Nördlingen
Druck und Bindung: Druckerei C.H.Beck, Nördlingen
Printed in Germany
ISBN 978 3 406 77342 6

myclimate

klimaneutral produziert
www.chbeck.de/nachhaltig

Inhalt

Einleitung

Die Geschichte der Bundesrepublik Deutschland wurde lange als Erfolgsgeschichte erzählt. Als Leitmotive der Entwicklung einer «geglückten Demokratie» (Edgar Wolfrum) dienten die Konzepte von Verwestlichung, Stabilisierung, Liberalisierung, Zivilisierung und erfolgreicher Aufarbeitung der NS-Vergangenheit. An einer derartigen Lesart sind Zweifel aufgekommen. Zum einen stellt sich seit der deutschen Einheit 1990 mit neuer Dringlichkeit die Frage nach einer Nationalgeschichte jenseits des postnationalen Selbstverständnisses der alten Bundesrepublik, die nur den westlichen Teil des heutigen Deutschlands umfasste. Die Bundesrepublik ist nicht mehr der östlichste Frontstaat des Westens im Kalten Krieg mit der Sowjetunion, sondern findet sich in der Mitte des europäischen Kontinents wieder, mit all den Herausforderungen an das politische Balancegefühl, die eine solche Lage mit sich bringt. Zum anderen verblasst das Deutungsmuster einer 1945/49 beginnenden Erfolgsgeschichte, je stärker das Staunen über die Stabilität der Bundesrepublik nachlässt und Fragen nach der Vorgeschichte gegenwärtiger Probleme in den Vordergrund treten. Diese sind kaum noch allein unter den Gesichtspunkten einer fortschreitenden Liberalisierung oder Zivilisierung der Deutschen einzuordnen, sondern verweisen auch auf Gefährdungen der Demokratie, den Wandel von Institutionen und gesellschaftlichen Arrangements sowie auf neue außenpolitische Herausforderungen jenseits der Westbindung im Kalten Krieg.

Die folgende Darstellung zeichnet die Geschichte der Bundesrepublik Deutschland ohne Rückgriff auf teleologische Erzählweisen nach. Sie skizziert den Wandel politischer Konstellationen und gesellschaftlicher Spannungslagen, ökonomischer Herausforderungen, intellektueller Strömungen und mentaler Dispositionen. Die Kapitelfolge orientiert sich weniger an den

Amtszeiten einzelner Kanzler(innen) als an wirtschaftlichen Großwetterlagen, tektonischen Verschiebungen im Parteienspektrum und der Rückbindung an die internationale, speziell europäische Politik. Die Geschichte der Bundesrepublik war und ist mehr als eine Abfolge von Regierungen und Koalitionen, von konjunkturellen Auf- oder Abschwüngen, gesellschaftlichen Umschichtungsprozessen oder kulturellen Transformationen. Es ging und geht in ihr immer auch um die Herausbildung einer sich wandelnden staatlichen und gesellschaftlichen Identität, die in der Lage ist, Leitideen zu verkörpern. Dabei bleibt das vereinigte Deutschland normativ auf die Geschichte der Bundesrepublik angewiesen. Denn diese ist in ihren Errungenschaften und Irrungen gleichermaßen Identitätsressource und historische Orientierungslinie für die Gegenwart.

I. Neuanfang und Wiederaufbau (1945–1958)

1. Gründung in Stufen

Die Gründung der Bundesrepublik war kein Ereignis, sondern ein Prozess. Sie erfolgte schrittweise: in Sprüngen und über Stufen. Dabei wurden die Gründungsetappen des westdeutschen Staates jeweils von den Eskalationsschüben des sich verschärfenden weltpolitischen Gegensatzes zwischen den Vereinigten Staaten von Amerika und der Sowjetunion angestoßen. Im Schatten wechselseitiger Bedrohung mit Nuklearwaffen standen Marxismus-Leninismus, Planwirtschaft und Zentralismus sowjetischer Prägung gegen liberalen Pluralismus, Marktwirtschaft und Demokratie westlicher Spielart. Europa und vor allem das besiegte Deutschland waren in den späten 1940er Jahren der wichtigste Schauplatz der globalen Auseinandersetzung zwischen den beiden neuen Supermächten «um die Seele der Menschheit» (Melvyn Leffler).

Vier Monate nachdem US-Außenminister James F. Byrnes Anfang September 1946 erstmals die Möglichkeit einer (zunächst noch gesamtdeutsch gedachten) Selbstregierung angedeutet hatte, wurden die amerikanische und die britische Besatzungszone zum «Vereinigten Wirtschaftsgebiet» der Bizone mit zentralen Verwaltungen für Wirtschaft, Ernährung, Verkehr, Finanzen und Post fusioniert, um die katastrophale Wirtschafts- und Ernährungslage der deutschen Bevölkerung zu verbessern. Ein Zusammengehen mit der Sowjetischen Besatzungszone (SBZ) erschien unmöglich. Auch die französische Regierung, der auf britische Fürsprache eine eigene Besatzungszone im deutschen Südwesten zugewiesen worden war, weigerte sich zunächst, die Abschottung ihrer Zone aufzugeben. 1947 spitzte sich die globale Konfrontation der Supermächte zu. US-Präsident Harry S. Truman versprach amerikanische Hilfe beim Widerstand gegen den Kommunismus zur Eindämmung weiterer sowjetischer Expansion: Entweder, so sah es Truman, man gehörte zur freien Welt des Westens oder zur totalitären Welt des Ostens. Der sowjetische Diktator Josef Stalin ließ seinen engen Mitarbeiter Andrei Schdanow mit seiner eigenen Version der Zwei-Lager-Theorie antworten: hier das antiimperialistische Lager der sozialistischen Staaten unter sowjetischer Führung, dort die Imperialisten unter der Knute der Amerikaner.

Die logische Konsequenz dieser Weltsicht bestand darin, das eigene Lager zu konsolidieren. Die USA fürchteten, wirtschaftliche, politische und soziale Auflösungsprozesse im kriegszerstörten Europa würden den Kommunismus stärken. Um die Erosion Westeuropas zu stoppen, legte Byrnes' Nachfolger als Außenminister, George C. Marshall, einen Plan auf, über den Europa bis 1952 insgesamt mehr als 13 Milliarden Dollar Aufbauhilfe erhielt. Die Amerikaner boten ihre Unterstützung nicht jedem Land einzeln an. Sie beharrten vielmehr darauf, die Europäer müssten sich als Vorleistung auf ein gemeinsames Wirtschaftsprogramm einigen und dauerhaft um wirtschaftspolitische Zusammenarbeit im Rahmen der *Organization for European Economic Cooperation* (OEEC) bemühen, die im Frühjahr 1948 nach einigen Querelen gegründet wurde. Die Sowjetunion sorgte dafür, dass die ostmitteleuropäischen Staaten in ihrem Einflussbereich nicht am Marshallplan teilnahmen, obwohl die Tschechoslowakei, Polen und Ungarn ursprünglich Interesse bekundet hatten. Stattdessen legte Stalin mit der Kominform als Koordinationsbüro der kommunistischen Parteien zur Festigung sowjetischer Dominanz und mit dem Molotow-Plan vom Juli 1947 als Keimzelle des späteren Rates für gegenseitige Wirtschaftshilfe (RGW) das Fundament für eine östliche Antwort auf die westliche Eindämmungspolitik.

Vor dem Hintergrund zunehmender weltpolitischer Polarisierung konnte es niemanden verwundern, dass sich die vier Siegermächte des Zweiten Weltkriegs auf der Londoner Außenministerkonferenz im November und Dezember 1947 nicht auf die stufenweise Etablierung einer gemeinsamen Regierung in allen Besatzungszonen einigen konnten; der letzte Anlauf zur Schaffung einer gesamtdeutschen Regierung war damit gescheitert. Ein kommunistischer Staatsstreich in der Tschechoslowakei erweiterte das sowjetische Einflussgebiet im Februar 1948 weiter nach Westen. Im März zogen sich die sowjetischen Vertreter aus dem Alliierten Kontrollrat zurück, der obersten Besatzungsbehörde in Deutschland, in der die Militärgouverneure der vier Siegermächte alle ganz Deutschland betreffenden Fragen zu regeln hatten. Zwei Wochen später trat der Marshallplan für Westeuropa in Kraft, an dem auch die Bizone und die französische Besatzungszone teilhatten. Am 20. Juni 1948 folgte die Einführung der D-Mark in den drei Westzonen, die für die wirtschaftliche Konsolidierung Westdeutschlands entscheidend war, gefolgt von einer Währungsreform in der SBZ drei Tage später. Damit war die wirtschaftliche Spaltung Deutschlands de facto vollzogen.

Fast zeitgleich verdichtete die UdSSR die seit Monaten andauernden Behinderungen des freien Verkehrs mit den westlichen – von Amerikanern, Briten und Franzosen kontrollierten – Sektoren Berlins zu einer weitgehenden Blockade der Teilstadt, die wie eine Insel mitten in der SBZ lag. Stalin wollte die Briten und Amerikaner zur Aufgabe ihrer Weststaatspläne zwingen oder, falls dies nicht gelang, wenigstens dafür sorgen, dass sie sich aus ihren Sektoren zurückzogen. In London und etwas später auch in Washington setzten sich allerdings die Kräfte um den briti-

schen Außenminister Ernest Bevin und den Militärgouverneur
der amerikanischen Besatzungszone, General Lucius D. Clay,
durch, die dem sowjetischen Druck nicht nachgeben und stattdessen an den Plänen für die Gründung eines Weststaates festhalten wollten. «Wenn wir der Ansicht sind», so Clay, «dass
wir Europa gegen den Kommunismus halten müssen, dann dür-
fen wir uns nicht vom Fleck rühren.» Der einzige Weg, der hier-
für offenstand, war die Versorgung West-Berlins per Flugzeug,
weil nur die Luftkorridore zwischen den Siegermächten vertrag-
lich festgelegt worden waren, während die Sowjetunion alle anderen Zufahrtswege auf der Straße, über die Schiene und mit
dem Schiff unterbrechen konnte.

Der Durchbruch vom westdeutschen Wirtschaftsverbund
zum politisch verfassten Gemeinwesen fand im Schatten der
ersten großen Krise des Kalten Krieges statt. Auf der Londoner
Sechs-Mächte-Konferenz hatten die USA und Großbritannien
die widerstrebenden Benelux-Staaten und Frankreich im Frühjahr 1948 dazu gebracht, einer Umwandlung der westdeutschen Wirtschaftszone in einen regelrechten Staat zuzustimmen.
Die einzigen gewählten Vertreter des deutschen Volkes, die dieser Entscheidung der Westmächte demokratische Legitimität
verleihen konnten, waren die Ministerpräsidenten der elf Länder. Sie wurden daher von den Militärgouverneuren der drei
westlichen Besatzungszonen im Juli 1948 in den sogenannten
Frankfurter Dokumenten aufgefordert, die Verfassung eines
westdeutschen Staates vorzubereiten.

Obwohl die Ministerpräsidenten aus Sorge vor einer Zemen-
tierung der deutschen Teilung anfangs zurückhaltend reagiert
hatten, trat nicht zuletzt auf amerikanischen Druck im August
ein Sachverständigenausschuss zusammen, um im Auftrag der
Ministerpräsidenten den ersten Entwurf einer provisorischen
Verfassung zu erarbeiten. Im Anschluss an diesen sogenannten
Herrenchiemseer Verfassungskonvent setzte von September
1948 bis Mai 1949 der Parlamentarische Rat die Arbeit fort,
immer wieder unterbrochen von den Besatzungsmächten, die
durch Memoranden und über ihre Verbindungsoffiziere in die
Verhandlungen eingriffen. Bei der Verabschiedung am 8. Mai

1949 wurde das Verfassungswerk, das man zur Betonung seines provisorischen Charakters «Grundgesetz» nannte, gegen die Stimmen der Kommunisten, der konservativen Deutschen Partei (DP), des katholischen Zentrums sowie sechs von acht CSU-Vertretern angenommen; später votierte auch der Bayerische Landtag dagegen, weil ihm der Föderalismus nicht weit genug ging. Vier Tage darauf, am 12. Mai 1949, genehmigten die drei Militärgouverneure, die sich das letzte Wort vorbehalten hatten, das Grundgesetz. Am selben Tag gab die UdSSR nach elf Monaten die Zufahrtswege nach Berlin wieder frei. Stalins Bestreben, die Gründung eines westdeutschen Staates zu verhindern, war ebenso gescheitert wie sein Versuch, die Westmächte aus Berlin zu vertreiben. Der sowjetische Diktator war zum unfreiwilligen Geburtshelfer der Bundesrepublik geworden.

2. Bonn und Weimar

Das Grundgesetz trat am 24. Mai 1949 in Kraft, Mitte August fand die Wahl zum ersten Bundestag statt. Mit den konstituierenden Sitzungen von Bundestag und Bundesrat war Anfang September die institutionelle Gründung der zweiten deutschen Republik abgeschlossen. Ihren Sitz nahmen Regierung und Parlament in Bonn am Rhein, wo schon der Parlamentarische Rat getagt hatte. Bonn war im Krieg nicht so verheerend getroffen worden wie andere Städte. Als preußische Garnisonsstadt verfügte es über Kasernengebäude, in denen die neuen Ministerien und Ämter untergebracht werden konnten. Dass Konrad Adenauer, der nur wenige Kilometer stromaufwärts in Rhöndorf wohnte, als Präsident des Parlamentarischen Rates und Vorsitzender der CDU in der britischen Besatzungszone im Hintergrund die Strippen zog, schadete ebenfalls nicht. Vor allem aber galt die Entscheidung für Bonn und gegen Frankfurt – die traditionsreiche Krönungsstadt der deutschen Kaiser, im 19. Jahrhundert Sitz des Deutschen Bundestages und 1848/49 Tagungsort der ersten deutschen Nationalversammlung – als Bekenntnis zum provisorischen Charakter der neuen Ordnung, die nur als Zwischenschritt zu einer Rückkehr der Regierung in die alte

Hauptstadt an der Spree gesehen oder jedenfalls propagiert wurde.

Das Provisorium erwies sich jedoch als derart langlebig, dass «Bonn» zum Synonym der zweiten deutschen Republik wurde. Besorgte Zeitgenossen fürchteten, diese könnte das Schicksal ihrer Vorgängerin von Weimar teilen. Tatsächlich war die zweite deutsche Republik wie die erste aus Krieg und Niederlage entstanden. Eine tiefgreifende sozialistische Umgestaltung von Wirtschaft, Politik und Gesellschaft blieb in der jungen Bundesrepublik wie nach 1918 aus. Die Führungspositionen wurden 1949 zudem von Männern eingenommen, die schon in Weimar zur politischen Elite gezählt hatten: der christdemokratische Bundeskanzler Adenauer als Kölner Oberbürgermeister und Präsident des preußischen Staatsrats, Bundespräsident Theodor Heuss von der FDP und der sozialdemokratische Oppositionsführer Kurt Schumacher als Reichstagsabgeordnete.

In mancher Hinsicht war die Situation schlechter als nach dem Ersten Weltkrieg. Denn anders als nach 1918 lagen weite Gebiete des Landes, vor allem die großen Städte, in Trümmern. Industrieanlagen und Infrastruktur waren zum Teil schwer beschädigt oder von den Besatzungsmächten demontiert worden. Rechtlich gesehen war die Bundesrepublik anfangs nicht viel mehr als ein Protektorat der USA, Großbritanniens und Frankreichs, die nach der bedingungslosen Kapitulation der Wehrmacht im Mai 1945 (gemeinsam mit der Sowjetunion) mit der uneingeschränkten Macht der Sieger in Deutschland herrschten. Die drei westlichen Militärgouverneure hatten sich zwar im Mai 1949 an ein Besatzungsstatut gebunden, das mit der Konstituierung der ersten Bundesregierung in Kraft trat; darin wurden ihre Kompetenzen schriftlich fixiert und begrenzt. Auch nach Übertragung exekutiver, legislativer und rechtsprechender Gewalt an Bund und Länder bestanden die drei Besatzungsmächte jedoch auf umfangreichen Hoheitsrechten, etwa für Abrüstungsfragen und wirtschaftliche Entflechtung, für Restitutionen und Reparationen, für auswärtige Angelegenheiten, für die Überwachung des Außenhandels und der Devisenwirtschaft; vor allem behielten sie sich das Recht vor, die Staatsge-

walt im Notfall auch wieder ganz in die eigenen Hände zu nehmen.

Die anfängliche Machtlosigkeit der Deutschen und die Herrschaft der Siegermächte erwiesen sich langfristig als Vorteil
für die Etablierung eines stabilen Gemeinwesens. Denn die
schlimmsten Jahre der Nachkriegsnot fielen noch in die Besatzungszeit, so dass Hunger und Lebensmittelrationierung,
Kriegszerstörung und Wohnungsmangel nicht mit einer deutschen Regierung, sondern mit den Siegermächten assoziiert
wurden. Anders als nach 1918 stand die Kriegsschuld außer
Frage. Der nationalsozialistische Vernichtungskrieg und die
Monstrosität der Verbrechen, die Deutsche begangen hatten,
waren durch nichts zu rechtfertigen. Für neue Dolchstoßlegen-
den ließen die vollständige Niederlage der Wehrmacht und die
bedingungslose Kapitulation des Deutschen Reiches keinen
Raum. Die Hauptkriegsverbrecher wurden von den Siegermächten 1946 in Nürnberg verurteilt. Deutsche spielten als An-
kläger oder Richter in Nürnberg ebenso wenig eine herausgehobene Rolle wie bei den über 5000 weiteren Prozessen, die unter
alliierter Regie bis 1949 stattfanden. Vorwürfe des «Vaterlands-
verrats» gegenüber den neuen politischen Eliten, wie sie nach
1918 an der Tagesordnung waren, blieben in der jungen Bundesrepublik seltene Ausnahmen. Zugleich war eine positive Bezugnahme auf Hitler und den Nationalsozialismus öffentlich
nicht mehr möglich, auch wenn das in Privatgesprächen und
hinter vorgehaltener Hand noch längere Zeit anders blieb.

Insbesondere die umfassende Entnazifizierungspolitik mit
Hilfe von Fragebögen, Spruchkammerverfahren und massen-
weisen Entlassungen, die die Amerikaner und weniger rigoros
auch die Briten und Franzosen betrieben, war in der deutschen
Bevölkerung verhasst und in Teilen auch ungerecht, weil man
zunächst die einfacher zu bearbeitenden kleinen Mitläufer ab-
urteilte, während die schweren Fälle oft aufgeschoben wurden
und auf diese Weise später leichter davonkamen. Dennoch war
die Entnazifizierungspolitik bedeutsam für den politischen und
gesellschaftlichen Neuanfang. Sie zwang überzeugte Nationalsozialisten, sich in den ersten Jahren nach Kriegsende in der Öf-

fentlichkeit zurückzuhalten. Das verschaffte den demokratischen Kräften beim Aufbau von Parteien, Länderregierungen, Presse und Rundfunk einen Startvorteil, den sie in der Weimarer Republik nicht besessen hatten, zumal die Alliierten bis 1949 (und auch später) darüber wachten, dass sich keine neonazistischen Gruppierungen und Netzwerke bildeten.

Auch jenseits der Entnazifizierung trafen die Alliierten Entscheidungen, die unpopulär, aber für den Neuanfang wichtig waren. Sie zerschlugen Preußen, dessen schiere Größe sowohl im Kaiserreich als auch in der Weimarer Republik für eine Unwucht im Staatsaufbau gesorgt hatte. Aus der preußischen Erbmasse schnitten sie neue Länder wie Nordrhein-Westfalen, Schleswig-Holstein und Niedersachsen, deren Abmessungen in der Regel den Grenzen der alten preußischen Provinzen entsprachen. Sie gründeten die «Bank deutscher Länder» als Vorläuferin der Bundesbank und verantworteten im Juni 1948 die Währungsreform, die eine wesentliche Grundlage für den Aufschwung der 1950er Jahre bildete. Den Deutschen blieb bis 1949 nur die politische Betätigung auf Landesebene und die Mitarbeit im seit Juni 1947 in Frankfurt tagenden Wirtschaftsrat der Bizone, später der Trizone, der von den Landesparlamenten beschickt wurde und seiner Bestimmung nach ein unpolitisches Verwaltungsgremium war.

Im öffentlichen Diskurs stand der «Weimar-Komplex» (Sebastian Ullrich) für das zu großen Teilen selbstverschuldete Scheitern der ersten deutschen Republik, aus dem die zweite ihre Lehren zu ziehen hatte. Die Väter und (wenigen) Mütter des Grundgesetzes taten dies im Parlamentarischen Rat, indem sie auf direktdemokratische Elemente fast völlig verzichteten; nur für die Neugliederung der Bundesländer war ein Volksentscheid vorgesehen. Das Staatsoberhaupt wurde im Vergleich zum Weimarer Reichspräsidenten weitgehend auf Repräsentationsaufgaben beschränkt und seiner plebiszitären Legitimation durch Direktwahl ebenso entkleidet; es gab auch keinen Notverordnungsparagrafen, der es dem Reichspräsidenten vor 1933 ermöglicht hatte, in einer Art Ersatzverfassung für Krisenzeiten am Parlament vorbeizuregieren. Nicht mehr der Präsident fungierte in der Institutionenordnung der Bundesrepublik als «Hüter der Verfassung» (Carl Schmitt), sondern das Bundesverfassungsgericht in Karlsruhe, dessen Mitglieder von Bundestag und Bundesrat gewählt wurden; mit der Einrichtung einer gerichtlichen Kontrollinstanz über der Politik stellte sich das Grundgesetz in eine spezifisch deutsche Tradition der Rechtsstaatlichkeit, die im «Dritten Reich» gekappt worden war.

Dass «Bonn» nicht «Weimar» wurde, wie der Schweizer Publizist Fritz René Allemann 1956 den Untergangspropheten der zweiten deutschen Republik entgegenhielt, hatte auch mit dem Führungspersonal zu tun, das Staat und Regierung in ihrer Gründungsphase prägte, vor allem mit Konrad Adenauer, der am 15. September 1949 mit knapper Mehrheit zum ersten Bundeskanzler gewählt wurde. Als Parteivorsitzendem der CDU in der britischen Zone war es ihm gelungen, zusammen mit CSU, FDP und der konservativen Deutschen Partei (DP) eine «bürgerliche» Koalition zu bilden. Die SPD unter Kurt Schumacher, der sich ebenfalls Hoffnungen auf die Kanzlerschaft gemacht hatte, wurde auf die Oppositionsrolle verwiesen. Damit setzte sich Adenauer gegen auch in seiner eigenen Partei verbreitete Pläne durch, eine Große Koalition aus Union und SPD nach Vorbild der Weimarer Koalition von 1919 zu bilden, wie sie auf Länderebene in den Jahren zuvor mehrfach zustande gekommen war.

3. Adenauers Kanzlerdemokratie

Adenauer, der von 1917 bis 1933 als Kölner Oberbürgermeister einer der mächtigsten Zentrumspolitiker der Weimarer Republik gewesen war, stand bei seinem Amtsantritt als Bundeskanzler bereits im 74. Lebensjahr. Die Nationalsozialisten hatten ihn gleich nach ihrer Machtübernahme aus dem Amt getrieben. Bis Kriegsende lebte er zurückgezogen in seinem Haus in Rhöndorf in der inneren Emigration, ohne sich mit dem NS-Regime einzulassen, aber auch ohne engere Kontakte zu Widerstandskreisen. Die britische Sonntagszeitung «The Observer» beschrieb ihn im Sommer 1949 als den mit Abstand besten «Taktiker auf der politischen Bühne Deutschlands». Adenauer war ein konservativer Katholik, aber kein Klerikaler. Das katholische Milieu und der Kölner Klüngel hatten ihn stärker geprägt als päpstliche Enzykliken oder Gehorsam gegenüber der Amtskirche. Als Regierungschef etablierte er in der jungen Bundesrepublik, was später als «Kanzlerdemokratie» bezeichnet wurde.

Diese für die Anfangsjahre der Bundesrepublik spezifische Form einer vom Kanzler straff bis autoritär geführten Regierung besaß ihr Fundament im Grundgesetz. Der Parlamentarische Rat hatte das Amt des Staatsoberhaupts geschwächt, aber den Regierungschef aufgewertet. Der Bundeskanzler bestimmte nach Artikel 65 die «Richtlinien der Politik». Er legte den Zuschnitt der einzelnen Ressorts fest und entschied bei Streitigkeiten zwischen den Ministerien. Sowohl gegenüber dem Bundespräsidenten als auch gegenüber dem Parlament besaß er eine starke Stellung und konnte vom Bundestag nur durch ein konstruktives Misstrauensvotum gestürzt werden, was kurzlebige Regierungen wie in Weimar verhindern helfen und die Parteien zur Kooperation zwingen sollte. Adenauers hervorgehobene Position fand ihren Ausdruck im Aufbau eines machtvollen Bundeskanzleramts als Regierungszentrale, das die verschiedenen Ressorts kontrollierte, bei der Personalpolitik der Ministerien entscheidend mitsprach und auch in Gesetzesvorhaben direkt eingriff.

Im Verhältnis zu den Siegermächten, die bis zur Aufhebung des Besatzungsstatuts 1955 die oberste Souveränität im Lande innehatten und vor jeder wichtigen Entscheidung konsultiert werden mussten, erwies Adenauer sich als verlässlicher, durchsetzungsstarker Partner. Im Umgang mit dem Bundestag pflegte er einen patriarchalisch-obrigkeitlichen Stil. Als wichtigstes Unterscheidungsmerkmal zur Sozialdemokratie hatte sich schon im Wirtschaftsrat die Frage der Wirtschaftsordnung herauskristallisiert. Diese wurde von Adenauer und Ludwig Erhard im Wahlkampf 1949 auf die Formel «bürokratische Planwirtschaft gegen soziale Marktwirtschaft» zugespitzt. Der Begriff der «Sozialen Marktwirtschaft» zielte darauf, «das Prinzip der Freiheit auf dem Markte mit dem des sozialen Ausgleichs zu verbinden» (Alfred Müller-Armack).

Was daraus für die Ausgestaltung der Wirtschafts- und Sozialpolitik konkret folgte, blieb offen. Die soziale Marktwirtschaft
war immer auch ein Werbe- und Kampfbegriff. Bei dessen in-
haltlicher Ausfüllung bewiesen die Wirtschaftspolitiker um Minister Erhard Flexibilität und Pragmatismus. Neben Einflüssen
der amerikanischen Siegermacht und den Prinzipien der katholischen Soziallehre wie «Solidarität» oder «Subsidiarität» form-
ten vor allem die Leitsätze deutscher Ordoliberaler die Wirtschaftspolitik des rheinischen Kapitalismus; die Freiburger
Schule um Walter Eucken, Franz Böhm und Leonhard Miksch
betonte die Notwendigkeit eines staatlichen Ordnungsrahmens
für ökonomischen Wettbewerb. Daneben wirkten auch die Traditionen eines spezifisch deutschen Korporatismus fort, der Gewerkschaften und Arbeitgeberverbände gleichermaßen in die
Koordination des Wirtschaftslebens einband.

Bei der Ausgestaltung der sozialen Marktwirtschaft war Adenauer eher auf sozialen Ausgleich bedacht, wie sich 1951 beim
Mitbestimmungsgesetz in der Montanindustrie und 1952 beim
Lastenausgleich zeigte: Im ersten Fall stimmte er zu, dass Arbeitnehmer und Arbeitgeber in den Aufsichtsräten der Ruhr-
konzerne paritätisch vertreten waren; im zweiten Fall machte
er sich für Abgaben auf Vermögen, Hypotheken- und Kreditge-
winne stark, die den Opfern von Kriegsschäden und Vertreibung
zugutekommen sollten. Für Erhard hingegen hatte die Lösung
sozialer Probleme durch Wachstum Priorität vor Umverteilung.
Er setzte auf Wettbewerb, Freihandel und ausgeglichene Haushalte. Laufende Ausgaben sollten aus laufenden Einnahmen
bestritten werden. Eine aktive staatliche Industriepolitik lehnte
er ebenso ab wie Interventionen in die Preisbildung. Ein sta-
biles Preisniveau sollte durch die Geldpolitik einer von der Politik unabhängigen Zentralbank erreicht werden. Mit dieser
Einstellung befand Erhard sich bald in der Defensive: gegen das
Wiedererstarken eines spezifisch deutschen Korporatismus, gegen Abstriche bei der Kartellgesetzgebung, wie sie etwa vom
Bundesverband der Deutschen Industrie (BDI) propagiert wurden, und gegen die vom Kanzler im Zusammenspiel mit der SPD
vorangetriebene Rentenreform von 1957, die auf ein Umlage-

verfahren statt auf die von Erhard präferierte Kapitaldeckung setzte.

Ohne den Schutz der USA, davon war Adenauer überzeugt, wäre Westeuropa sowjetischem Expansionsstreben ausgeliefert. Der Kanzler hielt amerikanische Unterstützung daher für die Grundvoraussetzung erfolgreicher Außenpolitik. Er akzeptierte die Machtlosigkeit der Deutschen als Ausgangsbasis seiner Politik und sah in der Konstellation des Ost-West-Konflikts eine Chance, diese Position zu verbessern. Die SPD unter Schumacher erwartete alliiertes Entgegenkommen, ehe eine Zusammenarbeit für sie in Frage kam. Adenauer hingegen war bereit, Diskriminierungen in Kauf zu nehmen und Vorleistungen zu erbringen, um stückweise auf dem Weg zur Gleichberechtigung voranzukommen, die Fesseln des Besatzungsstatuts abzustreifen und möglichst viel staatliche Souveränität für die Bundesrepublik zu gewinnen. Vor dem Hintergrund des Ost-West-Konflikts erreichte seine Regierung auf diesem Wege sowohl die Pariser Verträge zur Beendigung des Besatzungsregimes (23. Oktober 1954) und den Beitritt der Bundesrepublik zum nordatlantischen Verteidigungsbündnis der NATO (6. Mai 1955) als auch die Zustimmung der Westalliierten zum Aufbau der Bundeswehr, deren erste Rekruten am 12. November 1955 vereidigt wurden.

Die europäische Einigung bildete die zweite Säule westdeutscher Außenpolitik. Ihr Grundgedanke bestand darin, Deutschland zu französischen Konditionen wieder in Europa zu integrieren. Die überlegene Wirtschaftskraft der Bundesrepublik sollte in europäische Institutionen eingebunden werden, um sie mit den Interessenlagen Frankreichs und anderer europäischer Staaten in Einklang zu bringen. Auf dem Feld der Verteidigung misslang dies, als die Europäische Verteidigungsgemeinschaft in der französischen Nationalversammlung Ende August 1954 am vereinigten Widerstand von Kommunisten und Gaullisten scheiterte. Es glückte jedoch auf dem Gebiet der Schwerindustrie mit dem sogenannten Schuman-Plan vom 9. Mai 1950. Im Kern ging es darum, die eng mit der Rüstungsindustrie verwobenen Montanbetriebe in Frankreich und der Bundesrepublik unter eine gemeinsame «Oberste Aufsichtsbehörde» zu stellen und gleichzeitig den anderen westeuropäischen Nachbarn den Beitritt zu dieser Organisation anzubieten. Die wirtschaftliche Kooperation auf dem Gebiet von Kohle und Stahl sollte dazu dienen, künftige Kriege zu verhindern, weil eine gemeinsame Behörde Aufrüstungsabsichten frühzeitig erkennen und geheime Kriegsplanung unmöglich machen würde. Der zentrale Gedanke bestand im Prinzip der Supranationalität. Die Mitglieder der Aufsichtsbehörde würden zwar von den Einzelstaaten bestimmt; ihre für alle Teilnehmerländer bindenden Entscheidungen sollten sie aber ohne weitere Beteiligung der nationalen Parlamente und Regierungen treffen.

Der im April 1951 unterzeichnete Vertrag über die Europäische Gemeinschaft für Kohle und Stahl (EGKS), dem neben Frankreich und der Bundesrepublik auch Italien und die Benelux-Staaten beitraten, diente als Vorbild für ähnlich strukturierte Einigungen in der als Zukunftsbranche wahrgenommenen Atomwirtschaft (die Europäische Atomgemeinschaft, kurz: EURATOM) und beim Handel in einer Europäischen Wirtschaftsgemeinschaft (EWG); beide Institutionen wurden in den Römischen Verträgen festgeschrieben, die zum 1. Januar 1958 in Kraft traten. Während sich die hohen Erwartungen, die man in EURATOM gesetzt hatte, nicht erfüllten, avancierte die EWG zur Kerninstitution des europäischen Einigungsprozesses. Mit ihr setzte sich allmählich der Gedanke supranationaler Organe und eines Rechtssystems oberhalb der nationalen Ebene durch.

Im Verhältnis zum Osten setzten die Adenauer-Regierungen auf eine «Politik der Stärke». Die Bundesrepublik sollte mit westlicher Hilfe politisch und ökonomisch so potent werden, dass die Sowjetunion zur Preisgabe ihrer Zone genötigt werden konnte. Die Wiedervereinigung blieb zentrales Ziel deutscher Politik. Der Kanzler war freilich überzeugt, die Einheit dürfe nicht um den Preis westdeutscher Freiheit oder der Verankerung im Westen erkauft werden. Daher stand er sowjetischen Angeboten, durch Neutralisierung ein entmilitarisiertes Gesamtdeutschland zu schaffen, wie sie in der Stalin-Note vom März 1952 vorgebracht wurden, ablehnend gegenüber. Die Bundesrepublik beharrte darauf, die Rechtsnachfolge des Deutschen

Reiches angetreten zu haben, und leitete daraus einen Alleinvertretungsanspruch für ganz Deutschland ab. Um diesen durchzusetzen und das SED-Regime außenpolitisch zu isolieren, formulierte die Regierung eine nach dem damaligen Staatssekretär im Auswärtigen Amt Walter Hallstein benannte Doktrin, der zufolge die Aufnahme diplomatischer Beziehungen anderer Staaten zur DDR als «unfreundlicher Akt» gewertet wurde.

Die Hallstein-Doktrin war für notwendig befunden worden, nachdem die Bundesregierung 1955 diplomatische Beziehungen zur Sowjetunion aufgenommen hatte. Damit lief sie Gefahr, die von Moskau vertretene «Zwei-Staaten-Theorie» in Bezug auf Deutschland anzuerkennen, die deutsche Spaltung zu legalisieren und ihren Anspruch aufzugeben, die einzige legitime Interessenvertreterin des deutschen Volkes zu sein. Dennoch ging der Kanzler nach Moskau. Ihm war bewusst, dass ohne die UdSSR keine Fortschritte in der Wiedervereinigungsfrage erzielt werden konnten. Vor allem aber wurden immer noch tausende deutsche Kriegsgefangene und zivile Verschleppte in der Sowjetunion vermisst. Nach einem zähen Verhandlungspoker hatte Adenauer Erfolg. Wenige Wochen nach seinem Besuch erlaubte die Moskauer Führung den ersten von knapp zehntausend Kriegsgefangenen sowie rund 20000 Zivilisten die Rückkehr nach Deutschland. Die Zeitgenossen sahen darin den größten Triumph seiner Kanzlerschaft. Niemals zuvor und danach war er so populär wie im Herbst 1955.

Grundlage der parteipolitischen Dominanz der CDU, die 1953 zum Wahlsieg und 1957 zur absoluten Mehrheit führte, war eine erfolgreiche Integrationspolitik. Mit dem Bemühen um einen Ausgleich zwischen Katholiken und Protestanten profilierte sie sich als überkonfessionelle Sammlungspartei. In ihren Hochburgen im Rheinland knüpfte sie organisatorisch an die Tradition der Zentrumspartei an, distanzierte sich aber zugleich von deren ausschließlich katholischer Ausrichtung. Sie wurde zur politischen Heimat für konservative, liberale und christlich-soziale Kräfte. Das Adjektiv «christlich» bildete dabei «ein positives Gegenstück zum Nationalsozialismus, zum Sozialismus und zum Kapitalismus» (Frank Bösch) und erlaubte es der

Union, sich gleichermaßen von einem erbarmungslosen Manchesterliberalismus wie vom Marxismus zu distanzieren, den Sozialdemokraten und Kommunisten noch bis weit in die 1950er Jahre hinein trotz aller anderen Unterschiede als weltanschauliche Grundlage miteinander teilten.

Die christdemokratische Vorherrschaft wurzelte nicht nur in ihrer Anziehungskraft auf ein breites Wählerspektrum, sondern auch in geschickter Koalitionsbildung. Die Union praktizierte unter Adenauer eine wirksame Koalitionspolitik innerhalb des bürgerlich-konservativen Lagers. In der ersten Legislaturperiode stützte der Kanzler sich auf ein Bündnis aus CDU/CSU, Freien Demokraten und DP, das nach der zweiten Bundestagswahl 1953 noch um den Bund der Heimatvertriebenen und Entrechteten (BHE) als Interessenvertretung der Flüchtlinge aus dem Osten erweitert wurde. Obwohl die kleineren Partner zum Teil nur mit wenigen Abgeordneten im Bundestag vertreten waren (eine bundesweite Fünf-Prozent-Hürde trat erst 1953 in Kraft), wurden sie bei der Regierungsbildung recht großzügig bedacht. Auf mittlere Sicht konnten sich die kleineren konservativen Parteien der Sogwirkung, die von ihrem großen Koalitionspartner ausging, jedoch nicht entziehen und gingen bis Anfang der 1960er Jahre in der Union auf. Die FDP war der einzige Koalitionspartner, der seine Eigenständigkeit bewahren konnte. Auf diese Weise schrumpfte das Parteienspektrum, das 1949 mit zehn im Bundestag vertretenen Parteien noch stark an die Weimarer Zeit erinnert hatte, im Verlauf der 1950er Jahre zusammen: 1953 saßen noch sechs Parteien im Parlament, 1957 nur noch vier.

Die Integrationspolitik der Union als Sammlungspartei überbrückte nicht nur konfessionelle Gegensätze und parteipolitische Gräben im konservativen Lager, sondern auch weltanschauliche Zerklüftungen zwischen Tätern, Opfern und Mitläufern des Nationalsozialismus. Sinnbildlich dafür stand Adenauers wichtigster Vertrauter Hans Globke, der von 1932 bis 1945 Ministerialbeamter im Reichsinnenministerium gewesen war. Er hatte in dieser Funktion am Kommentar zu den Nürnberger Rassegesetzen mitgearbeitet, die Juden zu Menschen minderen

Rechts herabwürdigten. Obwohl Adenauer die Vergangenheit Globkes bekannt war, hielt er bis zum Ende seiner Regierungszeit an ihm fest, weil er dessen Kompetenz, Effizienz und Loyalität schätzte.

Mit dem sogenannten Straffreiheitsgesetz amnestierte der Bundestag schon 1949 Tausende, die wegen NS-Verbrechen mit einer Anklage hatten rechnen müssen. Über den Grundgesetzartikel 131 wurden mehr als 300 000 Beamte und Soldaten, die von den Siegermächten aus ihren Stellungen entfernt worden waren, großzügig versorgt. An die Stelle des von den Alliierten vorgesehenen Bruchs trat die Fortführung des deutschen Berufsbeamtentums. Kaum jemand in der jungen Bundesrepublik legte sonderlich großes Interesse an einer Strafverfolgung nationalsozialistischer Verbrechen an den Tag, so dass die justizielle Aufarbeitung der NS-Vergangenheit für fast ein Jahrzehnt praktisch zum Erliegen kam, nachdem sie aus den Händen der Siegermächte in deutsche Verantwortung übergegangen war. Ein scharfer ideologischer Bruch einerseits und andererseits eine Praxis sozialer Reintegration, die kleine wie große Nazis umfasste und sich um moralische Skrupel wenig scherte, kennzeichneten die westdeutsche «Vergangenheitspolitik» (Norbert Frei). Was Hermann Lübbe das «kommunikative Beschweigen» der NS-Vergangenheit genannt hat, bildete eine Grundlage dafür, dass sich die politische Polarisierung der Zwischenkriegszeit nach 1949 nicht wiederholte.

4. Konservative Modernisierung

Mit Blick auf die Mentalitäts-, Sozial- und Kulturgeschichte ist die Frühphase der Bundesrepublik als «Periode aufregender Modernisierung» (Hans-Peter Schwarz) oder auch als «Modernisierung unter konservativen Auspizien» (Christoph Kleßmann) beschrieben worden. Das politische Klima in der Ära Adenauer war dabei von einer spezifisch deutschen Spielart des Antitotalitarismus bestimmt: eine Mischung aus politischem Opportunismus, still akzeptiertem Antinazismus und einem lautstark, mitunter schrill artikulierten Antikommunismus, der an verbreitete Einstellungen und Ansichten aus der Vorkriegszeit anknüpfen konnte. Zu einer Zeit, als kaum ein NS-Verbrecher fürchten musste, vor einem westdeutschen Gericht angeklagt zu werden, wurden Zehntausende Verfahren gegen Kommunisten wegen Hoch- und Landesverrat angestrengt. Der Antikommunismus bildete für viele Deutsche in der jungen Bundesrepublik eine mentale Brücke über die ideologische Zäsur von 1945.

Seinen sinnfälligen Ausdruck fand dieser antitotalitäre Grundkonsens mit antikommunistischer Schlagseite, als die Bundesregierung im November 1951 beim erst kurz zuvor eingerichteten Bundesverfassungsgericht in Karlsruhe gleichzeitig zwei Parteiverbote beantragte: gegen die neonazistische Sozialistische Reichspartei (SRP) und gegen die Kommunistische Partei Deutschlands (KPD). Der erste Antrag war nicht zuletzt dem Druck der Alliierten geschuldet, die jedes Aufkeimen eines parteimäßig organisierten Neonazismus in den Anfängen erstickt wissen wollten. Der zweite Antrag entsprach einem tief verwurzelten Antikommunismus und dem verbreiteten Gefühl, aus dem Osten auf vielfältige Weise, auch durch Umtriebe von Kommunisten in der Bundesrepublik, bedroht zu sein. Beide Anträge endeten mit einem Parteiverbot: dasjenige gegen die SRP rasch und relativ unstrittig 1952, der KPD-Prozess erst 1956 nach langwierigen Verhandlungen und inoffiziellen Vorabsprachen zwischen Regierung und Gericht, die höchsten rechtsstaatlichen Ansprüchen kaum genügten.

Die Mentalität war geprägt von einer Konzentration auf den engeren privaten Bereich und auf das eigene Fortkommen in einer Gesellschaft, die anfangs stark von den Folgen des Krieges gezeichnet blieb. Zu den insgesamt acht Millionen Vertriebenen aus den ehemaligen Ostgebieten, die ihren Weg in die Bundesrepublik fanden, kamen Hunderttausende von oft traumatisiert, innerlich gebrochen und halb verhungert in ihre Heimat zurückgekehrten Kriegsgefangenen. Rund eine Million Wehrmachtsangehörige blieben verschollen. 1950 kamen auf hundert Frauen zwischen 25 und 45 Jahren im Schnitt 77 Männer. Wer einen neuen Partner fand, nachdem der Ehemann im Krieg

gefallen oder vermisst war, lebte oft in einer sogenannten On-
kel-Ehe, bei der man nicht heiratete, damit die schmale Hinter-
bliebenenrente nicht verloren ging. In den ersten Jahren der
Bundesrepublik richteten die Westdeutschen ihre Energie darauf, der Misere von Kriegs- und Nachkriegszeit zu entkommen.
Weniger der Aufbau einer neuen, besseren Gesellschaft war ihr
Ziel als vielmehr die Wiedererrichtung dessen, was man vor
dem Krieg schon einmal erreicht zu haben glaubte.

Ab dem zweiten Drittel der 1950er Jahre erlebte die westdeutsche Gesellschaft vor allem als Folge des Exportbooms seit
dem Koreakrieg einen enormen Prosperitätsschub. Zwischen
1950 und 1963 verdoppelten sich die Nettoreallöhne. Dafür ar-
beitete man hart. Eine durchschnittliche Arbeitswoche in der
Industrie dauerte sechs Tage und hatte knapp fünfzig Stunden.
Erst Mitte der 1950er Jahre wurde das «lange Wochenende»
am Samstag und Sonntag eingeführt. Die Arbeitslosenzahlen,
die nach der Währungsreform zunächst angestiegen waren,
sanken seit 1951 kontinuierlich. 1955 nahm das Bruttosozial-
produkt der Bundesrepublik um 11,8 % zu, ein Höchstwert der
Nachkriegszeit, der seither nie wieder erreicht wurde. Der Wirt-
schaftsaufschwung trug zur Kräftigung des westdeutschen Teil-
staats bei und erlaubte die weitgehend erfolgreiche, wenn auch
keineswegs rasche oder problemlose Eingliederung der Heimatvertriebenen und Flüchtlinge.

Ein großer Teil des erarbeiteten Wohlstands wurde gespart.
Die frühe Bundesrepublik war noch nicht die Konsumgesell-
schaft späterer Jahrzehnte, sondern eine durch die Erfahrung
von Krieg und Not geprägte Gemeinschaft von Sparern. Die Er-
sparnisse wuchsen in den 1950er Jahren viermal so schnell wie
die Einkommen. Wenn man Geld ausgab, dann für praktische
Dinge, die das Leben erleichterten. 1953 ermittelten die Demos-
kopen, dass nur 9 % aller westdeutschen Haushalte einen Kühl-
schrank besaßen und 26 % einen Staubsauger; knapp zehn
Jahre später lag der Anteil bei 50 % bzw. mehr als zwei Dritteln.
Um vom Fleck zu kommen, ging man entweder zu Fuß, fuhr
Rad oder benutzte Bus und Bahn. Wer sich motorisierte, kaufte
eher ein Moped oder Motorrad als ein Auto; erst 1957 über-

stieg die Zahl neu zugelassener Pkw die Neuzulassungen bei Krafträdern.

Zeitgenössisch deutete man die Entwicklung als Übergang von einer Klassen- zu einer «nivellierten Mittelstandsgesellschaft» (Helmut Schelsky), die weder proletarisch noch besitzbürgerlich, sondern «kleinbürgerlich-mittelständisch» sei. Die Wahrnehmung sozialer Egalisierung durch Krieg und Zusammenbruch – symbolisiert durch das einheitliche «Kopfgeld» von vierzig D-Mark, das jeder bei der Währungsreform erhalten hatte – trug zu dieser Deutung ebenso bei wie die zunehmende Prosperität der Wirtschaftswunderjahre, an der fast alle teilhatten. Im Rückblick lässt sich eine Angleichung von Arm und Reich empirisch freilich nicht verifizieren. Eine «Nivellierung» der Gesellschaft war allenfalls mit Blick auf das subjektive Empfinden, aber nicht hinsichtlich der tatsächlichen Einkommens- und Vermögensverteilung erkennbar. Eine Umverteilung von Reichtum fand in den 1950er Jahren nicht statt. Was es gab, war eine spürbare Anhebung des Lebensstandards aller Schichten durch den ökonomischen Aufschwung; genau hierin erblickten Ludwig Erhard und seine Anhänger das «Soziale» ihrer Form der Marktwirtschaft.

In den Wissenschaften und Künsten lässt sich der Zeitgeist auf die Formel «konservativer Geschmack und kulturelle Öffnung» (Peter Hoeres) bringen. Ältere Traditionen wirkten fort oder wurden nach dem Nationalsozialismus wieder aufgenommen. Ende der 1940er, Anfang der 1950er Jahre gab es auf deutschen Bühnen neben amerikanischen, französischen und einigen britischen Dramatikern in erster Linie deutschsprachige Klassiker zu sehen. Populäre Autoren waren Carl Zuckmayer und Bertolt Brecht, Franz Kafka, Thomas Mann und Gottfried Benn, die alle schon in der Zwischenkriegszeit oder davor ihren Durchbruch erlebt hatten. Jüngere Schriftsteller, wie Heinrich Böll oder Alfred Andersch, die selbst Soldaten gewesen waren und ihr Schicksal in Krieg und Gefangenschaft literarisch zu verarbeiten suchten, konnten sich mit ihrer «Trümmerliteratur» gegen die Dominanz der Alten nur mühsam behaupten. Ihr künstlerisches Schaffen wurzelte in einer Vorstellungswelt, die

nicht mehr vom Kaiserreich, dem Ersten Weltkrieg oder den
1920er Jahren geprägt war, sondern vom «Dritten Reich» und
dem Zweiten Weltkrieg, von den Zusammenbruchs- und Wiederaufbaujahren. Auf der Leinwand waren Sonja Ziemann und
Rudolf Prack der Deutschen bevorzugtes Liebespaar, nicht
Grace Kelly und Cary Grant. Freddy Quinn verkaufte mit seinen Seemannsliedern mehr Schallplatten als Jazz-Musiker wie
Louis Armstrong oder Miles Davis. An den Universitäten res-
taurierte man die überkommenen Strukturen mit einem Lehr-
körper, aus dem zwar die schlimmsten Nazis entfernt wurden,
bei dem man aber ansonsten sowohl aus praktischer Notwendigkeit wie innerer Überzeugung und kollegialer Loyalität auf
das vorhandene Personal setzte.

Dennoch waren die frühen und mittleren 1950er Jahre keine
«bleierne Zeit», die sich in Kontinuität, Konformismus oder
kleinkarierter Spießigkeit erschöpfte. Es gab in Deutschland
nach 1945 eine durch die Gleichschaltung und den Meinungs-
terror der totalitären Diktatur aufgestaute «Diskussionslust»
(Nina Verheyen). Sie war in Forschung und Lehre an Universitäten, die sich wieder dem Ausland öffneten, ebenso spürbar
wie in Werner Höfers «Frühschoppen» im Fernsehen, in den
Nachtprogrammen der Rundfunkanstalten, in den evangelischen Akademien von Loccum und Tutzing oder im Haus Ris-
sen in Hamburg, die allesamt in den späten 1940er und frühen
1950er Jahren gegründet wurden. Es herrschte Aufbruchsstimmung und das Bedürfnis, wieder Anschluss an die Traditionen
der westlichen Moderne zu finden, die 1933 in Deutschland gekappt worden waren. Das galt für die Bauhaus-Architektur
ebenso wie für die abstrakte Malerei, wie sie in der Kasseler
«documenta» seit 1955 ausgestellt wurde: Moderne Kunst als
künstlerische Ausdrucksform der «freien Welt» diente der doppelten Distanzierung sowohl von der Blut-und-Boden-Kunst
des Nationalsozialismus als auch vom sozialistischen Realismus
in der DDR.

II. Reform und Revolte (1958–1973)

1. Ein Land im Umbruch

War die erste Phase der Geschichte der Bundesrepublik durch die Bildung und Stabilisierung staatlicher Institutionen geprägt, so zeichnete sich die zweite durch gesellschaftliche Dynamisierung und Liberalisierung aus. Grundlage der gesellschaftlichen Dynamik war ein anhaltender Wirtschaftsboom. Das durchschnittliche Wachstum des Sozialprodukts schwankte in den 1950er Jahren zwischen 7 und 9 % und sank bis zum ersten Drittel der 1970er Jahre nie unter 4 %. Bis Ende der 1960er Jahre erreichte die Bundesrepublik bei der Arbeitsproduktivität dasselbe Niveau wie die USA. Die Bedeutung der Landwirtschaft nahm gegenüber Industrie und Dienstleistungen weiter ab. Zwischen 1950 und 1970 schrumpfte ihr Anteil an den Beschäftigten von einem Viertel auf 6 %. Die verbliebenen Höfe waren häufig Großbetriebe, die zu agrarischer Massenproduktion mit Maschinen und vermehrt auch mit dem Einsatz chemischer Mittel auf großen Flächen übergingen. Die Zahl der Beschäftigten im produzierenden Gewerbe stieg hingegen weiter an und erreichte Anfang der 1960er Jahre mit etwas über 50 % ihren Höchststand, ehe sie danach allmählich zurückging. Die Folge waren zwei parallele Wanderungsbewegungen: zum einen vom Land in die Städte, vor allem in die Großstädte, wo die neuen Jobs angesiedelt waren; zum anderen aus den urbanen Zentren in die Speckgürtel und Vororte, wo es billigere Wohnungen und günstigeres Bauland gab. Mit dem Ausgreifen der Städte ins Umland verlor der Gegensatz zwischen Stadt und Land an Bedeutung.

Zu den Profiteuren der industriellen Expansion zählten vor allem die Leitbranchen der zweiten industriellen Revolution, die in Deutschland traditionell stark waren: der Maschinen- und Apparatebau, die großen Chemiebetriebe an Rhein und Main sowie die Automobilindustrie mit ihren Schwerpunkten im deutschen Südwesten. Sie bildeten das Rückgrat des anhaltenden Aufschwungs und waren wesentlich für die guten Wachstumszahlen verantwortlich. Daneben begannen sich allmählich die Technologien einer dritten industriellen Revolution zu entwickeln, die von Innovationen der Computertechnik und Mikroelektronik sowie der Atomenergie getrieben wurde. In Schwierigkeiten gerieten die klassischen Wirtschaftszweige der ersten industriellen Revolution, neben dem Textilgewerbe und dem Schiffbau vor allem Kohle und Stahl. Die Bergbaukrise, die 1958 offen ausbrach, hatte nicht nur konjunkturelle, sondern auch strukturelle Ursachen, weil man bei der Energiegewinnung immer stärker von Kohle auf Erdöl und Erdgas, seit 1961 auch auf Atomkraft umstieg. Da die deutsche Steinkohle im Ruhrrevier wegen ihrer Lagerung vergleichsweise aufwendig abgebaut werden musste, verlor sie an internationaler Konkurrenzfähigkeit. Immer mehr Zechen mussten schließen; von einer halben Million Kohlekumpel 1958 waren zwölf Jahre später noch 200 000 übrig. Im Ruhrgebiet, einst Europas größte Industrieregion, begann ein tiefgreifender Strukturwandel.

In Zeiten annähernder Vollbeschäftigung mit Arbeitslosenquoten unter einem Prozent erschien der Umbruch indes verkraftbar. Andere Probleme hatten Priorität. Für die Unternehmen brachte der Wirtschaftsboom höhere Lohn- und Gehaltsforderungen der Gewerkschaften – 1955 hatte die IG Bergbau 12% verlangt und unter Streikdrohung 9% durchgesetzt – sowie erschwerte Bedingungen bei der Rekrutierung neuer Arbeitskräfte. Bis zum Bau der Mauer konnte der zusätzliche Bedarf durch Zuzüge aus dem Osten kompensiert werden. Von 1950 bis 1961 kamen rund 3,6 Millionen Menschen, überwiegend gut ausgebildete junge Männer, aus der «Zone». Nachdem das SED-Regime diesen Aderlass im Sommer 1961 mit Mauer und Stacheldraht gestoppt hatte, ersetzten zunehmend Südeuropäer die Flüchtlinge aus der DDR.

Sie sollten den Lohndruck senken, offene Stellen (vorwiegend für Ungelernte) füllen und überhaupt Aufgaben übernehmen, die für Deutsche unattraktiv geworden waren. Schon Mitte der

1950er Jahre hatte die Bundesregierung ein Anwerbeabkommen mit Italien ausgehandelt, das seinerseits hoffte, damit die grassierende Arbeitslosigkeit im Süden des Landes verringern zu können. In den 1960er Jahren folgten Übereinkommen mit Spanien und Griechenland, der Türkei, Marokko, Südkorea, Portugal, Tunesien und Jugoslawien. Zwischen 1962 und 1974 kamen auf diese Weise 8,8 Millionen Menschen in die Bundesrepublik. Man nannte sie «Gastarbeiter», weil man davon ausging, sie würden, wenn ihre Arbeit erledigt war oder ein wirtschaftlicher Abschwung einsetzte, in ihre Heimatländer zurückkehren. Viele taten das auch, als sich die Aussichten zu Hause verbesserten; 5,2 Millionen Ausländer verließen zwischen 1962 und 1974 die Bundesrepublik wieder. Andere blieben, weil sich daheim keine Perspektiven auftaten oder sie sich in Deutschland eingelebt hatten. Zunächst kamen die Angeworbenen vor allem aus Italien, Griechenland und Spanien, seit 1967 immer häufiger aus Jugoslawien und der Türkei; Anfang 1972 überstieg die Zahl türkischer (mit knapp 500000) erstmals diejenige italienischer Arbeitskräfte. Ausländische Arbeiter dienten den Unternehmen auch dazu, die Lücken zu stopfen, die durch verkürzte Arbeitszeiten der Deutschen entstanden waren. Mit der Einführung der Fünf-Tage-Woche und des langen Wochenendes rückte Ende der 1950er Jahre das Ziel der 45-Stunden-Woche für viele Branchen näher. 1963 legte das Bundesurlaubsgesetz einen bezahlten Mindesturlaub von 15 Tagen für jüngere und 18 Tagen für ältere Arbeitnehmer fest.

Die günstige Lage auf dem Arbeitsmarkt brachte erhebliche Lohn- und Gehaltszuwächse mit sich. Das zusätzliche Geld wurde nicht nur zur Bank getragen, sondern floss nun auch stärker in den Konsum: erst in Haushaltsgeräte, dann in Kraftfahrzeuge, schließlich vermehrt auch in Unterhaltungselektronik und Tourismus. Das eigene Auto erlaubte einen selbstbestimmteren Urlaub. 1964 fuhren erstmals mehr Deutsche mit dem Privatwagen in die Ferien als mit Bus und Bahn. Individualtourismus war gegenüber Pauschalreisen auf dem Vormarsch. Entferntere Reiseziele rückten in den Bereich des Möglichen. Flugreisen wurden zunehmend üblich. Gekauft wurde immer seltener in Einzelhandelsgeschäften alten Stils, bei denen der Kaufmann persönlich hinter dem Ladentisch stand, sondern in modernen Supermärkten nach amerikanischem Vorbild, in denen man sich die Waren selbst aus dem Regal nahm.

Das Radio als «Leitmedium des Wiederaufbaus» wurde vom Fernsehen als führendes Medium «in der beginnenden postindustriellen Wohlstandsgesellschaft» (Axel Schildt) abgelöst. Den Erfolg der deutschen Fußballnationalmannschaft im Weltmeisterschaftsfinale gegen Ungarn, dem «Wunder von Bern», hatten 1954 noch die meisten am Radio oder allenfalls vor einem Fernseher in der nächsten Kneipe miterlebt. Den Beginn der Fußballbundesliga 1963 konnte bereits rund ein Viertel aller Haushalte am eigenen TV-Gerät verfolgen. Die Zeit, die Bundesbürger vor der «Mattscheibe» verbrachten, ging teilweise auf Kosten des Radios, das immer häufiger nur noch als Begleitmusik im Hintergrund angestellt wurde, und vor allem des Kinos, das von 800 Millionen Besuchen 1956 auf 160 Millionen im Jahr 1970 zurückging.

2. Verschiebungen in der Parteienlandschaft

Der Durchbruch zur Kommunikationsgesellschaft hatte Rückwirkungen auf die Politik. Die CDU hatte ihren Kanzler schon früh auf Auslandsreisen (etwa 1953 in die USA) als weltgewandten Staatslenker filmen lassen und dafür gesorgt, dass auch Bilder des Privatmanns in Umlauf kamen, zum Beispiel als Rosenzüchter im Rhöndorfer Garten, beim Boule-Spiel im Sommerurlaub am Comer See oder als Familienoberhaupt im Kreise der Kinder und Enkel. Auch der aufsteigende Stern am Himmel der deutschen Sozialdemokratie, Willy Brandt, verdankte seine Popularität nicht zuletzt der Tatsache, dass er fotogen war, im Fernsehen eine gute Figur machte und sich medial ungleich besser in Szene zu setzen wusste als die immer etwas hölzern wirkenden Funktionäre der alten SPD-Garde.

Vergleicht man die Entourage von Adenauer und Brandt, fällt eine weitere Dimension verstärkter Medialisierung ins Auge. Adenauer hatte die Schlüsselpositionen in seiner Kanzlerdemokratie Juristen anvertraut: Globke im Bundeskanzleramt, Hallstein im Auswärtigen Amt, der Staats- und Völkerrechtler Wilhelm Grewe als außenpolitischer Berater. Der Journalist Felix von Eckardt war als Pressesprecher ein seltener bunter Vogel im Regierungskäfig – nicht zufällig tat sich der Kanzler bei der Besetzung dieses Postens besonders schwer. Neben persönlichen Präferenzen Adenauers, der selbst Jurist war, erklärt sich der Vorrang des Rechtlichen aus der Situation der Anfangsjahre, als den Siegermächten in zähen Verhandlungen Souveränitätsrechte mit juristischen Mitteln erst Stück für Stück abgerungen wurden.

Im Umfeld Brandts hingegen fanden sich zehn Jahre später auffällig viele Medienleute, allen voran sein engster Vertrauter Egon Bahr, ehemals Rundfunkjournalist beim RIAS Berlin, aber auch der Publizist Klaus Harpprecht als Redenschreiber und Günter Gaus, der 1972 als ehemaliger Chefredakteur des «Spiegel» zum Staatssekretär im Bundeskanzleramt avancierte. Wiederum spielten individuelle Vorlieben des Kanzlers, der sich als früherer Journalist mit Seinesgleichen umgab, bei der Personalauswahl eine Rolle. Zugleich reflektiert die neue Nähe von Politik und Medien in der sozial-liberalen Koalition nach 1969 jedoch auch einen Bedeutungszuwachs medialer Vermittlung für die Konzeptionierung und Implementierung von Politik in einer selbstbewusster und individualistischer werdenden Gesellschaft, die weltanschaulich weniger festgelegt war und von ihrer politischen Führung stärker umworben werden wollte.

Unter den veränderten gesellschaftlichen Verhältnissen büßten die Christdemokraten ihre Vormachtstellung allmählich ein, zumal die SPD programmatische und personelle Konsequenzen aus den Wahlsiegen der Union zog. Im Godesberger Programm vom November 1959 verabschiedete sie sich von der Festlegung auf den Marxismus als vorherrschende theoretische Grundlage und eröffnete mit der Formel «Wettbewerb so weit wie möglich – Planung so weit wie nötig!» die Perspektive einer gemischten Wirtschaftsverfassung anstelle umfassender Sozialisierungen. Außerdem bekannte sie sich zur Existenz der Bundeswehr und dem Prinzip der Landesverteidigung. Durch eine Rede ihres stellvertretenden Parteivorsitzenden Herbert Wehner im Bundestag schwenkte sie im Jahr darauf auch auf den Kurs der Westintegration ein und akzeptierte sowohl die NATO-Mitgliedschaft als auch die europäische Einigung als Grundlagen bundesrepublikanischer Außenpolitik. Damit beendete die SPD die parlamentarische Fundamentalopposition, die sie unter Schumacher eingenommen hatte, zugunsten eines Gemeinsamkeitskurses mit der Regierung, der mittelfristig auf die Bildung einer Großen Koalition zielte.

Parallel trieb die Partei ihre personelle Erneuerung voran, indem sie den redlich-biederen Erich Ollenhauer, der als Vertreter der sozialdemokratischen Exil-Führung nach dem frühen Tod des charismatischen Volkstribuns Schumacher 1952 Parteichef geworden war, schrittweise entmachtete bzw. mit zukunftsträchtigeren Politikern einrahmte. Vor allem Wehner zog als überlegener Stratege und Taktiker im Hintergrund die Strippen. Er kam selbst, wie er wusste, für höchste Führungsaufgaben nicht in Frage. Denn er war 1937, nachdem er den kommunistischen Widerstand gegen das NS-Regime im Untergrund organisiert hatte, nach Moskau emigriert und dort in die Stalin'schen Säuberungen verstrickt worden. Als Kanzlerkandidaten hatten die Reformer in der SPD Willy Brandt ausersehen, der von 1957 bis 1966 als Regierender Bürgermeister von Berlin amtierte. Brandt war vor den Nationalsozialisten 1933 erst nach Norwegen und später nach Schweden geflohen, hatte die norwegische Staatsangehörigkeit angenommen und war 1945 als Korrespondent skandinavischer Zeitungen nach Deutschland zurückgekehrt. Er gehörte zu denjenigen, die früh Kritik am Oppositionskurs der SPD gegen Adenauers Politik der Westintegration geübt und sich für innerparteiliche Reformen eingesetzt hatten.

Während sich die SPD modernisierte, wuchsen in der Union die Probleme. Immer vernehmlicher wurde über die Zeit nach Adenauer nachgedacht, der inzwischen weit über achtzig Jahre alt war. Den natürlichen Nachfolger sahen viele in Wirtschaftsminister Erhard. Der Kanzler vermisste bei seinem Minister jedoch Härte und Durchsetzungskraft, hielt ihn für naiv und nicht besonders fleißig. Zudem misstraute er den außenpolitischen Grundorientierungen des Jüngeren, der stärker auf die USA und globalen Freihandel, weniger auf Frankreich und einen engeren europäischen Zusammenschluss im Rahmen einer regionalen Zollunion setzte. Deswegen spielte er 1959 mit dem Gedanken, ins Amt des Bundespräsidenten zu wechseln und von dort die Zügel in der Hand zu behalten. Als ihm klar wurde, dass dies nicht gelingen und er den «Kampf ums Kanzleramt» (Daniel Koerfer) verlieren würde, ruderte er abrupt zurück. Die Präsidentschaftskrise zeigte, welche Machtposition Adenauer in seiner Partei und der Regierung immer noch innehatte. Sie schwächte jedoch seine Stellung, weil er selbst die Diskussion um seine Nachfolge ohne Not befeuert und Zweifel an seiner strategischen Weitsicht genährt hatte.

Noch höhere Wellen schlug die «Spiegel»-Krise im Herbst 1962. Sie begann damit, dass die Bundesanwaltschaft die Redaktionsräume des Hamburger Nachrichtenmagazins durchsuchen und den Herausgeber Rudolf Augstein sowie mehrere Redakteure festnehmen ließ. Ihnen wurde «Landesverrat» vorgeworfen, weil sie in einem Artikel über die Bundeswehr geheime Informationen veröffentlicht hätten. Große Teile der westdeutschen Öffentlichkeit reagierten empört. Studenten und Hochschullehrer, Künstler, Schriftsteller und vor allem Journalisten sahen Pressefreiheit und Rechtsstaatlichkeit bedroht. Die FDP-Minister (unter ihnen der von Amts wegen zuständige Justizminister) traten zurück, weil sie nicht vorab in den Handstreich eingeweiht gewesen waren und weil Adenauer an seinem Verteidigungsminister Franz Josef Strauß (CSU) festhalten wollte, der tiefer in die Aktion verwickelt war, als er anfangs zugegeben hatte. Am Ende musste auch Strauß demissionieren, um die Koalition mit der FDP zu retten. Der Kanzler geriet selbst derart in die Kritik, dass er sich gezwungen sah, seinen Rücktritt für den Herbst des folgenden Jahres anzukündigen.

Seither war nicht nur das Ende der Ära Adenauer absehbar, auch die Dominanz der Union erodierte. Erhard, der Adenauer im Amt des Kanzlers schließlich doch nachfolgte, gewann zwar die Bundestagswahl im September 1965. Aber schon im Jahr darauf kam es, nachdem Erhard von seiner eigenen Fraktion zum Rücktritt gedrängt worden war, zur Bildung einer Koalition aus CDU/CSU und SPD unter dem Christdemokraten Kurt Georg Kiesinger mit Brandt als Außenminister und Vize-Kanzler und der FDP als einziger Oppositionspartei im Bundestag. Die Große Koalition war möglich geworden, weil sich in der Wirtschaftspolitik die schroffe Gegenüberstellung von Planwirtschaft und Marktwirtschaft abgeschliffen hatte. Wirtschaftsminister Karl Schiller von der SPD und Strauß, der als Finanzminister ins Kabinett zurückkehrte, wirkten als «Plisch und Plum» einträchtig zusammen. Die soziale Marktwirtschaft wurde von einem polarisierenden Kampfbegriff zu einer integrierenden Konsensformel, in der sich auch Sozialdemokraten wiederfinden konnten.

Die 1960er und 1970er Jahre bildeten den Abschluss und Höhepunkt des Prozesses einer Parteienkonzentration, der nach der ersten Bundestagswahl eingesetzt und außer Union und SPD nur die Freien Demokraten verschont hatte – die Wahlerfolge der 1964 gegründeten rechtsradikalen NPD (Nationaldemokratische Partei Deutschlands), die in der zweiten Hälfte der 1960er Jahre in einige Landtage einzog, blieben Episode. Christ- und Sozialdemokraten entwickelten sich zu Volksparteien, die für Mitglieder und Wähler aus allen gesellschaftlichen Schichten, Altersgruppen und weltanschaulichen Lagern innerhalb eines antitotalitären Grundkonsenses offen waren und auch die politischen Ränder bis relativ weit nach rechts bzw. links zu integrieren vermochten.

Die Freien Demokraten zielten auf ein engeres Wählersegment als Union und SPD. Sie überlebten als eigenständige Partei, teils weil sie seit dem Kaiserreich tief im deutschen Bürgertum verwurzelt waren und der traditionelle Antiklerikalismus der Liberalen eine ideologische Trennungslinie zur Christdemokratie markierte, teils aber auch weil die FDP-Parteiführung frühzeitig auf die Umarmungsstrategie der CDU reagiert und seit Mitte der 1950er Jahre ihre Eigenständigkeit gerade in Fragen der Außen- und Deutschlandpolitik unter Beweis gestellt hatte. Nachdem Pläne der Großen Koalition für die Einführung eines Mehrheitswahlrechts nach britischem Vorbild, das ein

Verschwinden der FDP bedeutet hätte, im Sande verlaufen waren, blieb es bis Anfang der 1980er Jahre bei dem etablierten Drei-Parteien-System, in dem der FDP die Rolle eines Ziingleins an der Waage zukam. Nach der Bundestagswahl 1969 nutzten Brandt und Walter Scheel als Parteichef der FDP die Chance zum «Machtwechsel» (Arnulf Baring) und bildeten die erste Bundesregierung, der kein CDU-, sondern ein SPD-Politiker als Kanzler vorstand.

3. Modernisierung und Protest

Sowohl die Große Koalition von 1966 bis 1969 als auch die sozial-liberale Koalition waren vom Glauben an die Permanenz wirtschaftlichen Wachstums und die Notwendigkeit staatlicher Lenkung sozio-ökonomischer Entwicklungen durchdrungen, der sich fundamental von den Wiederaufbaujahren unterschied. Das Vertrauen in die wissenschaftliche Planbarkeit von Wirtschaft durch Politik, das in der frühen Bundesrepublik vor den Negativfolien nationalsozialistischer Vierjahrespläne und DDR-Planwirtschaft wenig ausgeprägt gewesen war, nahm drastisch zu. Die scharfe Abgrenzung gegenüber dem Kommunismus wich der Überzeugung, die antagonistischen Blöcke würden einander im Zeichen technischen Fortschritts und des daraus entstehenden Veränderungsdrucks in einer Konvergenz der Systeme immer ähnlicher werden.

Modernisierung, verstanden als gesellschaftliche Liberalisierung, und rationale Steuerung durch staatliche Investitionen, lautete das Mantra. Ein typisches Beispiel war der Infrastrukturplan des SPD-Verkehrsministers Georg Leber, der auf einen gigantischen Ausbau des Straßennetzes, insbesondere der Autobahnen zielte. Innerhalb der folgenden 15 Jahre sollte kein Bundesbürger mehr als 25 Kilometer bis zur nächsten Autobahnauffahrt zurücklegen müssen. Seinen städtebaulichen Niederschlag fand der politische Klimawandel in den Planungen für den Ausbau des ehemals als Notbehelf proklamierten Bonn zu einer Regierungszentrale, die sich immer weniger als Provisorium begriff und an ihre Dauerhaftigkeit zu glauben begann.

Man plante in den 1960er und frühen 1970er Jahren, die über die Stadt versprengten Ministerien und Ämter in einem hochtechnisierten Regierungsviertel auf beiden Seiten des Rheins zwischen der Bonner Altstadt und Bad Godesberg zusammenzuführen.

Denselben Geist von Fortschrittsoptimismus, Machbarkeitsideologie und Zukunftsglauben atmete die Föderalismusreform von 1969, welche die bisher eher informelle Zusammenarbeit von Bund und Ländern institutionalisierte. Sie diente dazu, die Bundesländer auf eine einheitliche Konjunktur- und Haushaltspolitik festzulegen. Im Gegenzug erhielten die Länder im Bundesrat größere Zustimmungsrechte für Gesetzesvorhaben des Bundes. In der Praxis lief die Reform auf eine zunehmende Verflechtung der politischen Ebenen hinaus, die bei unterschiedlichen Mehrheiten in beiden Kammern, wie sie bald üblich wurden, neue Blockademöglichkeiten eröffnete. Weitreichende Justizreformen liberalisierten das Ehescheidungsrecht, stellten uneheliche Kinder mit ehelichen rechtlich gleich, entkriminalisierten homosexuelle Beziehungen und sorgten für eine Umorientierung des Strafrechts von der Abschreckung zur Resozialisierung. Mit Blick auf Schulen und Universitäten entstand ein parteiübergreifender Reformkonsens über den Zusammenhang von Bildung und Demokratie. In Reaktion auf das Schreckwort von der «deutschen Bildungskatastrophe» (Georg Picht) wurden der Zugang zu Gymnasien und Hochschulen ausgeweitet, bestehende Universitäten ausgebaut und Reformuniversitäten etwa in Bielefeld oder Konstanz gegründet.

Das umstrittenste Vorhaben der Großen Koalition waren die sogenannten Notstandsgesetze. Sie sollten bei der Regelung des Ausnahmezustands die Lücke füllen, die sich zur Zeit der Verabschiedung des Grundgesetzes 1949 die Siegermächte vorbehalten hatten. Als die Bundesrepublik 1955 (fast) vollständig souverän wurde, gestanden die Alliierten den Westdeutschen zu, eine Notstandsregelung ins Grundgesetz einzufügen. Weil hierzu aber eine verfassungsändernde Zweidrittelmehrheit im Bundestag erforderlich war, hatte es in dieser Frage über zehn Jahre lang keine Fortschritte gegeben. Union und SPD wollten nach 1966 ihre Große Koalition, die sie als einmalige und zeitlich begrenzte Ausnahme von der üblichen Regierungsbildung ansahen, nutzen, um eine einvernehmliche Lösung herbeizuführen. Kritiker erinnerten an die letzten Jahre der Weimarer Republik, als der Reichspräsident unter Rückgriff auf sein Notverordnungsrecht die demokratische Regierungsbildung ausgehebelt und mit Präsidialkabinetten am Reichstag vorbei regiert hatte. Sie witterten einen ähnlichen Missbrauch der Notstandsverfassung im Grundgesetz.

Diese Befürchtung bewahrheitete sich zwar nicht, nachdem der Bundestag die Grundgesetzänderung im Mai 1968 gegen die Stimmen der oppositionellen FDP und eines Viertels der Abgeordneten aus der sozialdemokratischen Fraktion verabschiedet hatte. Die Debatte um die Notstandsverfassung trug jedoch zu einer spezifischen Aufladung der studentischen Proteste bei, die sich in den Jahren um 1968 in der Bundesrepublik, wie zeitgleich auch in anderen Ländern der westlichen Welt, vor allem am Vietnamkrieg entzündeten. Bei den Protestierenden in Frankfurt, Heidelberg oder West-Berlin verfestigte sich unter dem Einfluss neomarxistischer Ideologieversatzstücke der Eindruck, die Regierung sei ohne nennenswerte Opposition im Bundestag fast allmächtig, hebe Gewaltenteilung und verfassungsmäßige Ordnung aus den Angeln und steuere auf einen neuen Faschismus zu. Der Tod des Studenten Benno Ohnesorg, der am Rande einer Demonstration gegen den Schah von Persien im Juni 1967 von einem Berliner Polizisten erschossen wurde, bestätigte dieses Empfinden.

Die Unruhen, die 1968 kulminierten, fielen noch aus einem anderen Grund in der Bundesrepublik besonders heftig aus. Der Generationenkonflikt war wegen der politischen Verwerfungen der deutschen Geschichte im 20. Jahrhundert intensiver als in anderen Ländern. Die studentische Protestgeneration, die Krieg und NS-Diktatur nur vom Hörensagen kannte und in ein zusehends prosperierendes Gemeinwesen hineinwuchs, traf an den Universitäten entweder auf ältere, meist konservative Professoren, die schon während des «Dritten Reiches» auf ihre Lehrstühle gekommen und nicht selten in das NS-Regime verstrickt

gewesen waren, oder sie hatte es mit jüngeren Hochschulleh-
rern zu tun, die nach dem Krieg studiert, bei Aufenthalten in
den USA, Großbritannien oder Frankreich positive Auslands-
erfahrungen gesammelt und den Wiederaufbau in der Bundesrepublik als aufregenden Aufbruch zu neuen und besseren Ufern
erlebt hatten. In beiden Fällen differierten Wirklichkeitswahr-
nehmung, Gesellschaftsbild und Politikverständnis scharf.

Angesichts der spürbaren Stabilisierung der Bundesrepublik
und nachlassender Spannungen im Kalten Krieg schwand das
Gefühl innerer und äußerer Bedrohung, das dazu beigetragen
hatte, die Auseinandersetzung mit dem Nationalsozialismus unter eine Art Quarantäne zu stellen. Zugleich wurde seit Ende
der 1950er Jahre in einer Reihe von Gerichtsverfahren – besonders eindrücklich im Ulmer Einsatzgruppen-Prozess 1958
und im Frankfurter Auschwitz-Prozess 1963 – die justizielle
Aufarbeitung von NS-Verbrechen von deutschen Richtern und
Staatsanwälten aufgenommen, nachdem sie in der Frühphase
der Bundesrepublik kaum vorangekommen war. Die öffentliche Verhandlung nationalsozialistischer Untaten schärfte das
Bewusstsein für die Monstrosität deutscher Verbrechen im
«Dritten Reich». Zugleich war die Integration ehemaliger Nationalsozialisten in die bundesrepublikanische Gesellschaft mittlerweile weitgehend abgeschlossen. Die 1960er Jahre markier-
ten den Höchststand von auf die eine oder andere Weise
NS-Belasteten, die aufgrund ihrer fachlichen Qualifikation oder
mit Hilfe guter Verbindungen auf Posten in westdeutschen Ämtern, Ministerien und Gerichten zurückgekehrt waren.

Angesichts derartiger personeller Kontinuitäten – personifi-
ziert in Bundeskanzler Kiesinger, der 1933 der NSDAP beigetreten war – begann eine jüngere Generation, die nicht mehr
ins nationalsozialistische Herrschaftssystem verstrickt gewesen
war, bohrende Fragen zu stellen. An einer «Vergangenheitsbe-
wältigung durch nationale Versöhnung» (Philipp Gassert), wie
sie im Kabinett der Großen Koalition angelegt war, dem Kiesinger als Kanzler ebenso angehörte wie der ehemalige Emigrant
Brandt als sein Stellvertreter, der Ex-Kommunist Wehner als
Bundesminister für Gesamtdeutsche Fragen und der frühere

Wehrmachtsoffizier Strauß als Finanzminister, war den protestierenden Studenten kaum gelegen. Die Radikaleren unter ihnen nutzten den häufig pauschal erhobenen Vorwurf der NS-Belastung zur Diskreditierung einzelner Politiker, des gesamten politischen Systems oder der marktwirtschaftlichen Ordnung, die sie in die geistige Traditionslinie des Faschismus rückten. An die Stelle des Antitotalitarismus trat ein revitalisierter Antifaschismus als ideologischer Kitt der Linken, mit dessen Hilfe eine sozialistische Politik in der Bundesrepublik in die weltanschauliche Offensive kommen wollte.

Zu den Folgen von «1968» gehörte eine Polarisierung politischer Debatten. Ehemals linksliberale Hochschullehrer, die anfänglich den studentischen Forderungen mit Wohlwollen begegnet waren, wandten sich – nicht selten nach derben Schmähungen, teils auch nach tätlichen Angriffen – konservativeren Positionen zu. Einige von ihnen gründeten den «Bund Freiheit der Wissenschaft», um der Revolte an den Universitäten professoralen Widerstand entgegenzusetzen. Die «Demokratisierung der Hochschulen» wurde von einer Konsensformel zum Kampfbegriff. Nach dem Ende der Regierung Kiesinger-Brandt im Herbst 1969 übertrug sich der neue Antagonismus auf die politische Arena, wo die Bildungspolitik zu einem zentralen Feld des Streits zwischen sozial-liberaler Regierung und christdemokratischer Opposition wurde.

Ein anderer Streitpunkt zwischen Regierung und Opposition war die Ausdehnung des Wohlfahrtsstaates, die 1972/73 ihren Höhepunkt erreichte. Schon das Bündnis von Union und SPD war eine «Große Koalition der Sozialpolitiker» (Hans Günter Hockerts) gewesen. Die neue Regierung weitete die staatlichen Angebote zur Daseinsvorsorge noch einmal deutlich aus. Sozialhilfe und die Versorgung von Kriegsopfern wurden dynamisiert, das heißt, an die Lohnentwicklung gekoppelt, die Krankenversicherung auf Landwirte und Studenten ausgedehnt. Eine Lohnfortzahlung im Krankheitsfall gab es nun auch für Arbeiter. Die Rentenversicherung wurde ebenfalls reformiert, das Rentenniveau angehoben und großzügige Angebote zur Frühverrentung gemacht.

Die Neuerungen waren nur bei optimistischer Fortschreibung der außergewöhnlich günstigen wirtschaftlichen Rahmendaten der 1950er und 1960er Jahre finanzierbar. Weil sich derartige Prognosen als Illusion erwiesen, wuchs die Staatsverschuldung drastisch an. Das führte dazu, dass 1971/72 innerhalb eines Jahres mit Alex Möller und Karl Schiller zwei Finanzminister aus Protest gegen die Spendierfreudigkeit ihrer Kabinettskollegen zurücktraten. Damit verschärfte sich ein Trend, der bereits 1956/57 begonnen hatte, als die Ausgaben des Bundes mit 40% erstmals stärker gestiegen waren als das Sozialprodukt. Die eineinhalb Jahrzehnte zwischen der ersten und zweiten Rentenreform waren dynamische Zeiten – in der gesellschaftlichen und kulturellen Liberalisierung ebenso wie bei der Entwicklung des Bundeshaushalts und in der Abwendung von den ordnungspolitischen Grundsätzen der frühen Bundesrepublik.

4. Streit um die Außen- und Deutschlandpolitik

Politischen Streit gab es nicht nur über die Innenpolitik, sondern auch über die Außen- und Deutschlandpolitik. Nachdem die SPD 1960 auf den Kurs der Westintegration eingeschwenkt war, verliefen die Spannungslinien zunächst nicht so sehr zwischen Union und Sozialdemokratie, sondern innerhalb der Christdemokratie bzw. zwischen der Bundesregierung und ihren westlichen Verbündeten. Seit Ende der 1950er Jahre waren bei einigen in der Union, auch beim Kanzler, die Sorgen über den künftigen Kurs der USA gewachsen. Schon angesichts der Genfer Gipfelkonferenz 1955, dem ersten Zusammentreffen aller vier Siegermächte auf höchster Ebene seit Beginn des Kalten Krieges, hatte Adenauer der Alptraum von Potsdam geplagt: die Sorge vor Entscheidungen über Deutschland ohne die Deutschen, wie im Sommer 1945 bei der Konferenz von Potsdam. Adenauer erkannte, dass in der atomaren Aufrüstung und in der gegenseitigen nuklearen Vernichtungskapazität der Supermächte ein Anreiz für eine auf Entspannung gerichtete Politik angelegt war, und er hielt diese Tendenzen für bedrohlich. Alarmiert reagierte er auf die neue Nukleardoktrin der Kennedy-Administration, mit der die NATO in die Lage versetzt werden sollte, flexibel auf Angriffe des Ostblocks zu reagieren, um nicht gleich bei den ersten Kampfhandlungen zur Eröffnung des atomaren Schlagabtausches gezwungen zu sein. Die Bundesregierung fürchtete, Deutsche und Westeuropäer sollten künftig die Hauptlast eines konventionell geführten Krieges tragen, während sich die USA jenseits des Atlantiks hinter der Sicherheit ihrer Atomwaffen verschanzten. Manche sahen in der Konzeption ein Anzeichen für einen möglichen Rückzug der Vereinigten Staaten vom europäischen Kontinent oder zumindest einen Trend zur Entkoppelung amerikanischer und westeuropäischer Sicherheit.

Derartige Zweifel befeuerten den Streit zwischen Atlantikern und Gaullisten in der Union, der zwischenzeitlich «Züge eines modernen Glaubenskrieges» (Tim Geiger) annahm. Die Atlantiker um Erhard und Außenminister Gerhard Schröder beharrten darauf, dass für die Sicherheit der Bundesrepublik eine enge Anbindung an die USA unverzichtbar war; in der Anlehnung an Frankreich erblickten sie den Anfang vom Ende des Bündnisses mit Washington. Die Gaullisten, zu denen neben Adenauer auch Strauß gehörte, sahen im französischen Staatspräsidenten Charles de Gaulle einen Verbündeten in ihrem Kampf gegen amerikanische Entspannungstendenzen und einen Ausverkauf deutscher Interessen. Nachdem der Versuch, mit einer «Europäischen Politischen Union» (EPU) den Aufgabenbereich der EWG über die wirtschaftliche Integration hinaus auf die Felder von Kultur, Politik und Militär auszudehnen, gescheitert war, gewannen die bilateralen Beziehungen zu Frankreich für die Gaullisten entscheidende Bedeutung. Ergebnis war 1963 der Vertrag über die deutsch-französische Zusammenarbeit, der sogenannte Élysée-Vertrag, der regelmäßige Konsultationen der Staats- und Regierungschefs sowie ihrer Außen- und Verteidigungsminister zur Koordinierung der politischen Positionen beider Länder vorsah.

In Washington witterte man eine deutsch-französische Verschwörung. Die Atlantiker in Bonn sahen die amerikanische Verärgerung mit Sorge und fürchteten, Frankreich könne den Vertrag instrumentalisieren, um die Bundesrepublik gegen die

USA, Großbritannien, die NATO, den globalen Freihandel oder die europäische Einigung in ihrer supranationalen Form in Stellung zu bringen. Sie sorgten dafür, dass der Bundestag dem Vertrag eine Präambel voranstellte, die explizit auf die enge Partnerschaft zu den USA, eine mögliche Erweiterung der EWG um Großbritannien und das Allgemeine Zoll- und Handelsabkommen (GATT) abhob. Damit endete der Streit um die Ausrichtung der Westpolitik in einem Patt, das zwar alle Beteiligten verstimmte, die Grundinteressen westdeutscher Außenpolitik aber korrekt widerspiegelte, weil die Bundesrepublik sowohl auf das transatlantische Bündnis als auch auf die Zusammenarbeit mit Frankreich in Europa angewiesen war.

In der Ostpolitik war seit der zweiten Hälfte der 1950er Jahre deutlich geworden, dass eine Vereinigung mit der DDR und erst recht eine Rückgewinnung der ehemals deutschen Gebiete östlich von Oder und Neiße in immer weitere Ferne rückten, weil die DDR nach 1955 rasch und vollständig in das sowjetische Bündnissystem integriert worden war. Die UdSSR ging Ende der 1950er Jahre aus der Defensive, in der sie sich nach Stalins Tod 1953 befunden hatte, in die Offensive über. Im Herbst 1957 gelang es ihr als erstem Staat, einen Nachrichtensatelliten ins Weltall zu senden, was im Westen als «Sputnik-Schock» Sorgen vor einer technologischen Überlegenheit des Ostblocks weckte. Wie Stalin bei der Berlin-Blockade nutzte Nikita Chruschtschow als neuer starker Mann in Moskau die exponierte Lage West-Berlins als Druckmittel. Der neue Parteichef der KPdSU ging jedoch subtiler vor als Stalin, indem er die Teilstadt nicht selbst abriegelte, sondern im sogenannten Chruschtschow-Ultimatum vom November 1958 drohte, die Kontrolle über die Verbindungswege nach Berlin in die Hände der DDR zu legen. Wie 1948 zielte die Aktion auf die Präsenz der Westmächte in Berlin; anders als damals ging es jedoch nicht mehr darum, eine gesamtdeutsche Perspektive offenzuhalten, sondern die Westalliierten zur Anerkennung des Status quo der deutschen Teilung zu zwingen.

Adenauer reagierte mit ostpolitischen Lockerungsübungen. Schon im März 1958 hatte er gegenüber dem sowjetischen Botschafter in Bonn eine sogenannte Österreich-Lösung für die DDR ins Spiel gebracht, die auf militärische Neutralität und politische Blockfreiheit der DDR nach dem Vorbild des Alpenstaates hinausgelaufen wäre. Um die Jahreswende 1958/59 ließ er in Reaktion auf Chruschtschows Ultimatum im sogenannten Globke-Plan eine stufenweise Annäherung der beiden deutschen Staaten über einen Zeitraum mehrerer Jahre vorschlagen: von der Aufnahme diplomatischer Beziehungen über demokratische Wahlen bis zu Referenden über die staatliche Einheit. 1962 machte der Kanzler schließlich das eher unbestimmte Angebot eines Stillhalteabkommens für zehn Jahre, um die Beziehungen zwischen der UdSSR und der Bundesrepublik auf der Basis des Status quo zu normalisieren und anschließend Fortschritte in der deutschen Frage zu erreichen. Alle drei Vorschläge hielten an zentralen Elementen westdeutscher Wiedervereinigungspolitik fest, indem sie über freie Wahlen zur Einheit gelangen wollten. Sie beinhalteten jedoch zugleich das stillschweigende Eingeständnis, dass man sich irgendwie mit dem Regime in Ost-Berlin werde arrangieren müssen.

Die Rahmenbedingungen änderten sich radikal, als Chruschtschow dem schon länger auf diesen Schritt drängenden SED-Chef Walter Ulbricht gestattete, West-Berlin mit einer Mauer abzuriegeln, um die Massenabwanderung Hunderttausender aus der DDR über das Schlupfloch Berlin in den Westen zu beenden. Spätestens als die Amerikaner nichts unternahmen, um die Bewegungsfreiheit innerhalb Berlins zu sichern bzw. wiederherzustellen, wurde den Verantwortlichen in Bonn und West-Berlin klar, dass die Bewahrung des Friedens für die US-Regierung Vorrang vor der Einheit und Freiheit ganz Berlins genoss. Tatsächlich ließen die Spannungen um die Stadt in den folgenden Monaten nach, auch wenn Chruschtschow seine Forderung nach einer «Freien Stadt» unter UN-Hoheit noch eine Weile aufrechterhielt. Erst Ende 1962, nachdem der sowjetische Versuch, Mittelstreckenraketen in Kuba zu stationieren, gescheitert war und die Welt im Oktober 1962 in den Abgrund eines Atomkrieges geblickt hatte, beendete die UdSSR stillschweigend die zweite Berlin-Krise.

Bei allen Parteien beschleunigte der Mauerbau die Umorientierung in der Ost- und Deutschlandpolitik. Die CDU versuchte, sich vorsichtig an die neuen Gegebenheiten anzupassen, ohne die Grundzüge ihrer bisherigen Strategie, das hieß vor allem: die Nichtanerkennung und politische Isolierung der DDR, aufzugeben. Die begrenzte Flexibilisierung, die Adenauer begonnen hatte, wurde unter Erhard und seinem Außenminister Gerhard Schröder mit einer «Politik der Bewegung» durch Einrichtung von Handelsmissionen in Ungarn, Polen und Rumänien 1963 und ein Abkommen über den Waren- und Zahlungsverkehr mit Bulgarien 1964 fortgesetzt. Das war ein Kompromiss zwischen der Aufnahme regulärer diplomatischer Beziehungen und der strikten Einhaltung der Hallstein-Doktrin, an der weite Kreise in der CDU/CSU festhielten. Größere Beweglichkeit legte die Große Koalition an den Tag, als sie im Januar 1967 förmliche diplomatische Beziehungen zu Rumänien aufnahm und damit die Hallstein-Doktrin durchbrach. Um eine Isolation der DDR zu verhindern, reagierte der Ostblock mit der sogenannten Ulbricht-Doktrin, die besagte, dass kein Land des Warschauer Pakts sein Verhältnis zur Bundesrepublik normalisieren dürfe, ehe die DDR von Bonn völkerrechtlich anerkannt worden war. Damit steckte die Ostpolitik der Großen Koalition in einer Sackgasse, weil die Union hierzu nicht bereit war und einen grundsätzlichen Kurswechsel, wie er der SPD – und auch der FDP – vorschwebte, ablehnte.

Eine Umorientierung in der Ost- und Deutschlandpolitik war die wichtigste Triebkraft, die Sozialdemokraten und Liberale zusammenbrachte, obwohl sie auf anderen Feldern, vor allem in der Wirtschafts- und Sozialpolitik, Differenzen hatten. Egon Bahr, enger Berater von Willy Brandt, hatte die neue Richtung in einem Redebeitrag in der evangelischen Akademie im oberbayrischen Tutzing auf die Formel «Wandel durch Annäherung» gebracht und gefordert, man müsse dem SED-Regime die Angst vor einer Bedrohung aus dem Westen so weit nehmen, dass es sich zu innerer Liberalisierung und einer «Auflockerung der Grenzen und der Mauer» bereitfinde. Ähnliche Ideen kursierten in der FDP, wo man die Wiedervereinigung zu einem

Fernziel erklärte, das nur erreichbar sei, wenn der Westen die Zweistaatlichkeit anerkenne und die Souveränität der DDR bis zur Verwirklichung der deutschen Einheit respektiere. Als Experimentierfeld für den neuen Ansatz bot sich Berlin an, wo ein Senat aus SPD und FDP unter dem Regierenden Bürgermeister Brandt Passierscheinabkommen mit der DDR aushandelte, die es zwischen 1963 und 1966 Millionen West-Berlinern ermöglichten, ihre Verwandten im Ost-Teil der Stadt zu besuchen.

Die sozial-liberale Koalition auf Bundesebene, die Brandt und Scheel trotz knapper Mehrheitsverhältnisse im Oktober 1969 eingingen, wollte die Existenz der DDR staatsrechtlich, aber nicht völkerrechtlich anerkennen. Brandt brachte diese Position in seiner ersten Regierungserklärung auf die Formel, es existierten «zwei Staaten in Deutschland», die «füreinander nicht Ausland» seien und deswegen Beziehungen «von besonderer Art» unterhielten. Auf der Grundlage dieses beträchtlichen Zugeständnisses, das die neue Bundesregierung gleichsam als vertrauensbildende Vorleistung erbrachte, sollten konkrete Fortschritte in den deutsch-deutschen Beziehungen und Verbesserungen der Lebensbedingungen in der DDR erreicht werden. Im November 1969 unterzeichnete die Regierung den Atomwaffensperrvertrag. Sie räumte damit ein Hindernis aus dem Weg, das nicht nur die Beziehungen zum Ostblock, sondern auch zu den westlichen Verbündeten belastete, weil die CDU-geführte Vorgängerregierung sich geweigert hatte, einen Vertrag zu unterzeichnen, dem auch die DDR beigetreten war.

Weil der «Schlüssel zur Einheit» für Brandt und Bahr in Moskau lag, begann der mit zäher Beharrlichkeit geführte Verhandlungsmarathon bei der Vormacht des Ostblocks. Gleichzeitig trieb man aus Rücksicht auf die besonders großen polnischen Opfer im Zweiten Weltkrieg das Abkommen mit Polen voran. Die zwei Verträge, die im August 1970 in Moskau und im Dezember in Warschau unterzeichnet wurden, ähnelten einander. In beiden war vom Verzicht auf Gewalt und von der Unverletzlichkeit (nicht Unveränderbarkeit) der Grenzen in Europa die Rede. Jedoch hatte man die Reihenfolge der Artikel variiert und im Warschauer Vertrag die Grenzfrage – und nicht wie im Moskauer Vertrag den Gewaltverzicht – an den Anfang gerückt, um die besonderen Sensibilitäten in Polen zu berücksichtigen.

Es folgte im Dezember 1972 der Grundlagenvertrag mit der DDR, in dem statt Botschaften die Eröffnung sogenannter «Ständiger Vertretungen» in Bonn und Ost-Berlin vereinbart wurde, um dem besonderen Charakter des innerdeutschen Verhältnisses Rechnung zu tragen, das trotz aller Bemühungen um Normalisierung für die Bundesrepublik eben doch nicht in diplomatische Beziehungen wie zu anderen Ländern mündete. Der Normalisierungsvertrag mit der Tschechoslowakei ein Jahr später rundete die deutschen Ostverträge ab. Parallel dazu handelten die Siegermächte 1970/71 das Vier-Mächte-Abkommen über Berlin aus, das in Kraft treten sollte, sobald der Grundlagenvertrag ausgehandelt und die Ostverträge von Bundestag und Bundesrat ratifiziert worden waren. Dieses doppelte Junktim sollte sicherstellen, dass keine Seite die andere über den Tisch zog. Ohne sowjetisches Entgegenkommen hinsichtlich West-Berlins gab es keine Anerkennung der polnischen Westgrenze und der DDR durch die Bundesrepublik, ohne Ratifizierung der Verträge mit Polen und der Sowjetunion keine Erleichterungen für West-Berlin. Zugleich sicherten sich Amerikaner, Briten und Franzosen über die Berlin-Verhandlungen, die sie selbst und nicht die Bundesregierung führten, eine Veto-Position in Bezug auf das gesamte Vertragswerk.

Innenpolitisch waren die Ostverträge hochumstritten. Zahlreiche Abgeordnete aus SPD und FDP wechselten aus Protest gegen die neue Ostpolitik zur CDU, so dass die ohnehin knappe parlamentarische Mehrheit der sozial-liberalen Koalition zusammenschmolz und Rainer Barzel als Partei- und Fraktionschef der Christdemokraten ein konstruktives Misstrauensvotum gegen den Kanzler einbringen konnte. Damit scheiterte er im April 1972 zur allgemeinen Überraschung, obwohl die Regierung ihre Mehrheit eigentlich verloren hatte – heute weiß man, dass mehrere Unions-Abgeordnete von der ostdeutschen Staatssicherheit bestochen worden waren, um Brandt im Amt zu halten. Barzel versuchte danach vergeblich, seine Fraktion von einer Zustimmung zu den Ostverträgen zu überzeugen. Am

Ende enthielten sich die meisten; einige stimmten gegen die Verträge. Nachdem im Juli 1973 schließlich auch eine Normenkontrollklage der bayerischen Staatsregierung vor dem Bundesverfassungsgericht gescheitert war, traten der Grundlagenvertrag und das Berlin-Abkommen in Kraft. Im September 1973 wurden die DDR und die Bundesrepublik in die Vereinten Nationen aufgenommen.

III. Bedrohte Sicherheit (1973–1985)

1. Weltwirtschaftliche Verwerfungen

In den 1970er Jahren endete der lange Nachkriegsboom, der Westdeutschland durch Wiederaufbau und Modernisierung nach dem Krieg unter dem Schutz amerikanischer Vorherrschaft überproportionale Wachstumsraten und Wohlstandsgewinne beschert hatte. Rekonstruktion und Konsolidierung im Rahmen eines gezähmten Kapitalismus in der westlichen Welt machten den Herausforderungen einer sprunghafter werdenden Weltwirtschaft Platz, in denen man im Rückblick unschwer die Anfänge dessen erkennen kann, was man später als Globalisierung bezeichnete. Während in Ost- und Südostasien neue Akteure nach vorne drängten, schwand die unangefochtene wirtschaftliche Vormachtstellung der USA. Besonders deutlich wurde diese Entwicklung, als Anfang der 1970er Jahre der währungspolitische Pfeiler amerikanischer Hegemonie kollabierte.

Schon seit den späten 1960er Jahren war der Dollar durch die Kosten des Vietnamkrieges und das daraus resultierende hohe Haushaltsdefizit in Bedrängnis geraten. 1971 hatte Präsident Richard Nixon angekündigt, ihn künftig nicht mehr in Gold zu tauschen. Auf der Golddeckung der amerikanischen Währung basierte jedoch das System fester Wechselkurse, das 1944 in Bretton Woods im US-Bundesstaat New Hampshire geschaffen worden war. Mit Nixons Entscheidung war das Ende der alten Weltwährungsordnung vorgezeichnet, das im März

1973 förmlich vollzogen wurde, als sich die Bundesrepublik und andere europäische Staaten vom Dollar als Leitwährung lösten, um die Geldentwertung im eigenen Land, die von der schwachen US-Währung befeuert wurde, besser bekämpfen zu können. Durch das Ende von Bretton Woods gab es erhebliche Verwerfungen in den Wechselkursverhältnissen. Währungen, die wie die D-Mark im bisherigen System unterbewertet waren, wurden aufgewertet. Dadurch verteuerten sich Exporte aus der Bundesrepublik, während Importe billiger wurden.

Indem die Begrenzungen und Kontrollen des internationalen Kapitalverkehrs, die zur Aufrechterhaltung des Systems von Bretton Woods notwendig gewesen waren, entfielen, gewannen die nationalen Regierungen neue Spielräume in ihrer Wirtschafts- und Finanzpolitik. Weil zugleich die Institutionen zur Förderung des Freihandels, wie der Internationale Währungsfonds (IWF), die Weltbank oder das Allgemeine Zoll- und Handelsabkommen (GATT), die am Ende des Zweiten Weltkriegs unter amerikanischer Ägide geschaffen worden waren, Bestand hatten, erlebten die 1970er Jahre eine enorme Deregulierung des Weltkapitalverkehrs. Gleichzeitig schritt die Liberalisierung des Welthandels weiter voran. In der Summe revolutionierten diese Veränderungen die weltwirtschaftlichen Verhältnisse.

Einen zusätzlichen Schub erhielt die Entstehung eines globalen Finanzmarktkapitalismus durch die erste Ölpreiskrise. Auslöser war der Jom-Kippur-Krieg, der im Oktober 1973 begann, als ägyptische und syrische Truppen Israel angriffen. Als die USA Israel unterstützten, reagierten die arabischen Staaten, die in der Organisation erdölexportierender Länder (OPEC) zusammengeschlossen waren, mit einer Drosselung der Fördermenge für Rohöl und Lieferboykotts. In der Folge vervierfachte sich der Ölpreis innerhalb kürzester Zeit auf 11,65 Dollar. Die zweite Ölpreiskrise, die 1979 durch die islamische Revolution im Iran ausgelöst wurde, brachte den Preis sogar auf fast vierzig Dollar pro Barrel. Entsprechend stiegen die Einnahmen der OPEC-Staaten, die allein 1974 Devisenüberschüsse von sechzig Milliarden Dollar anhäuften und dafür weltweit nach Anlagemöglichkeiten suchten. Das Überangebot an Liquidität heizte die internationalen Geldmärkte an, förderte die Expansion der am Ölgeschäft beteiligten Geschäftsbanken, Versicherungen und Pensionsfonds und beförderte die Entstehung globaler Finanz- und Kapitalmarktstrukturen.

Industrienationen ohne eigene Erdölvorkommen wie die Bundesrepublik, die auf Einfuhren angewiesen waren, traf die Kostenexplosion heftig. Sie mussten versuchen, den Energieverbrauch effizienter zu gestalten und andere Ressourcen zur Energiegewinnung zu erschließen. Der Bundestag verabschiedete im November 1973 ein Energiesicherungsgesetz, das es erlaubte, bei Gefährdungen der Energieversorgung den Verbrauch von Mineralöl und Erdgas einzuschränken. Auf dieser Grundlage wurden im Spätherbst 1973 vier autofreie Sonntage und zeitweise Geschwindigkeitsbegrenzungen eingeführt. Langfristig setzte man auf den Ausbau der Atomenergie als alternative Energiequelle, zwischenzeitlich auch auf eine Renaissance der seit langem in der Krise befindlichen Steinkohle. Kurzfristig blieben die Erfolge begrenzt. Trotz aller Sparanstrengungen und Substitutionsbemühungen zahlte die Bundesrepublik allein 1974 insgesamt 17 Milliarden D-Mark mehr für Ölimporte als im Vorjahr, obwohl die Einfuhren um 6% zurückgegangen waren.

Die steigenden Rohstoffpreise heizten die ohnehin voranschreitende Geldentwertung weiter an. Schon vor der ersten Ölpreiskrise und dem Ende von Bretton Woods, als die Wachstumsraten in der Bundesrepublik noch zwischen 3 und 4% gelegen hatten, war die Inflationsrate auf über 5% emporgeschnellt. Grund dafür waren neben der Niedrigzinspolitik der US-Notenbank zum einen staatliche Ausgabensteigerungen durch die kostenintensiven Reformen der sozial-liberalen Koalition, zum anderen die hohen Lohnabschlüsse, welche die Arbeitnehmervertreter durchsetzen konnten. Bis Ende 1973 stieg die Teuerungsrate auf 7%, Anfang der 1980er Jahre lag sie bei 6,1%. Der Mittelwert des Jahrzehnts betrug etwa 5%, womit sich Westdeutschland im Vergleich zu Ländern wie Großbritannien (12,6%) oder Italien (12,1%), aber auch in Relation zu den Niederlanden oder den USA (jeweils um die 7%) noch recht gut behauptete.

Schwieriger stellte sich für die Bundesrepublik die Bewältigung des ökonomischen Strukturwandels dar, der nicht nur dem Auslaufen der Wiederaufbaumaßnahmen geschuldet war, sondern auch vom Abbau der Zollschranken und von der Herausbildung eines globalen Kapitalmarkts ohne den Stabilitätsrahmen des US-geführten Währungssystems vorangetrieben wurde. Bis Anfang der 1970er Jahre hatte die latente Unterbewertung der D-Mark die Auswirkungen dieser Verschiebungen ebenso abgefedert wie die Subventionierung international kaum noch wettbewerbsfähiger Industrien, etwa im Bergbau oder bei den Werften. In Zeiten frei flottierender Währungen und hoher Teuerungsraten fielen diese Auffangmechanismen weg. Die Unternehmen reagierten mit verstärkten Anstrengungen, menschliche Arbeitskraft durch Maschinen zu ersetzen; der technologische Wandel, speziell der Siegeszug der Mikroelektronik, die elektronische Datenverarbeitung per Computer und Fortschritte bei der Automatisierung von Produktionsanlagen, ermöglichten solche Rationalisierungen.

Der industrielle Strukturwandel traf die Wirtschaftszweige auf verschiedene Weise und in unterschiedlichem Ausmaß. Die bereits seit Ende der 1950er Jahre andauernde Krise der westdeutschen Schwerindustrie verschärfte sich. Im Baugewerbe machte sich das Auslaufen des Wiederaufbaus mit den daraus resultierenden Auftragseinbrüchen bemerkbar. Andere Branchen wie die optische Industrie, der Maschinenbau oder die Automobilhersteller sahen sich zwar einem intensivierten internationalen Wettbewerb ausgesetzt, konnten sich aber teils erfolgreich an die veränderten Bedingungen anpassen. Dennoch wuchs die Zahl der Arbeitslosen. 1974 betrug sie 582000 und überstieg im Jahr darauf erstmals die Millionengrenze. Anfang der 1980er Jahre erreichte sie zwei Millionen und verharrte dauerhaft auf einem Niveau deutlich über 6%. Die Folge waren verminderte Steuereinnahmen und erhöhte Ausgaben für die sozialen Sicherungssysteme. In der Konsequenz erhöhte sich die Verschuldung von Bund, Ländern und Gemeinden weiter. Für den Bund stieg sie von 68,4 Milliarden D-Mark 1973 auf 314,3 Milliarden neun Jahre später.

2. Terrorismus und neue soziale Bewegungen

Blickt man aus der Vogelperspektive auf die wirtschaftliche Entwicklung im 20. Jahrhundert, so stellt sich das Ende des Nachkriegsbooms nicht als «Erdrutsch» (Eric Hobsbawm) dar, der alle Aussichten auf Wohlstand, sozialen Ausgleich, gesellschaftlichen Zusammenhalt und individuelles Glück unter sich begrub. Viel eher lassen sich die 1970er Jahre als Epoche einer allmählichen Normalisierung charakterisieren, in der die Bundesrepublik gemeinsam mit anderen westlichen Ländern nach den knapp dreißig Jahren eines durch den Wiederaufbau nach dem Krieg bedingten, ungewöhnlich langen Aufschwungs zu den langfristigen Wachstumspfaden entwickelter Volkswirtschaften zurückkehrte. Sie erreichte Wachstumsraten um die 2 %, die in späteren Jahrzehnten erstrebenswert erschienen wären.

Wer damals lebte, nahm die Entwicklung anders wahr. Man hatte sich an die höheren Zuwächse des Vierteljahrhunderts davor gewöhnt und sah die außergewöhnlichen Umstände des Booms gleichsam als neuen Normalzustand an. Die «große Ernüchterung» (Tim Schanetzky), die einsetzte, nachdem sich diese Erwartung als Illusion erwiesen hatte, veränderte im ersten Drittel der 1970er Jahre die Sicht der Zeitgenossen auf Gegenwart und Zukunft. Verunsicherung war die Folge. Das neue Gefährdungsgefühl war nicht nur in der Sorge vor galoppierender Teuerung, verringertem Wachstum und struktureller Arbeitslosigkeit begründet, sondern hatte auch mit dem längerfristigen Wandel von Mentalitäten zu tun. Ihren radikalsten Ausdruck fanden diese Umbrüche in extremen Ideologien, die sich als wütende Aggression und rohe Gewalt nach außen wandten. Rechtsterroristen raubten in den 1970er und frühen 1980er Jahren eine Reihe von Banken aus, sie erbeuteten Waffen und verübten Anschläge auf Ausländerwohnheime, bei denen zwei Menschen ums Leben kamen. Die neonazistische «Wehrsportgruppe Hoffmann» war nicht nur für den Mord an einem Rabbiner und dessen Lebensgefährtin in Erlangen verantwortlich, sondern auch für das Bombenattentat auf das Münchener Oktoberfest im September 1980, bei dem 13 Menschen getötet und mehr als zweihundert zum Teil schwer verletzt wurden – der blutigste Terrorakt der deutschen Nachkriegsgeschichte.

Die Linksterroristen der «Rote Armee Fraktion» (RAF) sahen sich selbst als kommunistische, anti-imperialistische Stadtguerilla nach südamerikanischem Vorbild. Als die Gründer um Andreas Baader und Ulrike Meinhof nach einer Reihe von Morden, Banküberfällen und Sprengstoffanschlägen im Sommer 1972 festgenommen worden waren, setzte sich eine «zweite Generation» zum Ziel, weitere Anschläge auf Exponenten des verhassten «Systems» zu verüben und die im Gefängnis von Stuttgart-Stammheim inhaftierte Führungsriege freizupressen. Ihren Höhepunkt fand die Mordkampagne im «Deutschen Herbst» 1977 mit der Entführung des Arbeitgeberpräsidenten Hanns Martin Schleyer und der Lufthansamaschine «Landshut», deren Piloten die Terroristen erschossen. Die Befreiung des Flugzeugs durch die GSG 9, eine Spezialeinheit des Bundesgrenzschutzes, in der somalischen Hauptstadt Mogadischu hatte die Ermordung Schleyers und den gemeinschaftlichen Suizid der RAF-Spitze in Stammheim zur Folge. Insgesamt kostete der RAF-Terrorismus 34 Menschen das Leben.

Durch ihre Anschläge wollten die Linksterroristen Reaktionen des Staates provozieren, die dessen angeblich faschistisch-repressiven Charakter offenlegen würden. Tatsächlich lief unter der Führung des Bundeskriminalamts (BKA) eine großangelegte Polizeiaktion an, um die Mörder und deren Helfer zu finden. Der Bundestag verabschiedete mehrere Gesetze, die den Strafverfolgungsbehörden mehr Möglichkeiten zur Bekämpfung des Terrorismus verschafften: etwa mit Hilfe einer computergestützten «Rasterfahndung» oder durch das Kontaktsperregesetz, das Begegnungen der Gefangenen mit ihren als Komplizen verdächtigten Anwälten vorübergehend einschränkte. Regierung und Strafverfolgungsbehörden gingen bis an die Grenze dessen, was der Rechtsstaat zuließ, überschritten diese Linie aber nicht – allen von den Terroristen und ihren Sympathisanten in die Welt gesetzten Legenden zum Trotz.

Dennoch erschienen politisch eher links Stehenden weniger

die Terroristen als die angeblich exzessiven Reaktionen eines autoritären Staates als Bedrohung. Die Zahl derjenigen, die offen oder klammheimlich mit der RAF sympathisierten, war größer als der verschwindend kleine harte Kern der Mörder und ihrer Helfer. Die Haftbedingungen der Stammheim-Insassen wurden im linksalternativen Milieu als «Isolationsfolter» skandalisiert, und die bewusst gestreute Lüge, die Inhaftierten hätten nicht Selbstmord begangen, sondern seien im Gefängnis ermordet worden, fand auch außerhalb des engeren Kreises um die RAF gläubige Abnehmer. Umgekehrt tendierten konservative Bevölkerungsgruppen dazu, die Gefahr, die von der RAF und ihren Anhängern ausging, zu überschätzen, wenn sie annahmen, der Linksterrorismus sei die logische Konsequenz oder Fortsetzung der Studentenrevolte und ernsthaft dazu angetan, die politische und gesellschaftliche Ordnung der Bundesrepublik aus den Angeln zu heben. «Terrorist» und «Sympathisant» traten als Feindbilder an die Stelle, die zuvor der Kommunismus eingenommen hatte, nur dass die Bedrohung jetzt nicht mehr von außen, aus dem «Osten», sondern aus der Mitte der eigenen Bevölkerung kam.

In Wirklichkeit bildeten die in den Linksterrorismus abgedrifteten Splittergruppen der Studentenbewegung, die nie mehr als ein- bis zweitausend Unterstützer zählten, lediglich einen kleinen Ausschnitt aus der Erbmasse der Protestbewegung von 1968. Der größte Teil der studentischen Protestbewegung fand sich während der 1970er Jahre nicht in revolutionären Zusammenschlüssen wieder, sondern in einem alternativen Milieu um Kinderläden, Wohngemeinschaften, Frauenhäuser, feministische Verlage und Männergruppen; gegen Ende des Jahrzehnts umfasste dieses Milieu im engeren Sinne 300 000 bis 600 000 (vor allem junge) Menschen, in seinem weiteren Umfeld hauptsächlich in urbanen Zentren und Universitätsstädten schätzungsweise bis zu fünf Millionen. Während sich die Energie der 68er-Bewegung auf die Veränderung gesellschaftlicher Strukturen gerichtet hatte, kehrte sich der Blick nun stärker nach innen. Wachsender Wohlstand erlaubte Fernreisen, die auch dazu dienen sollten, sich selbst zu finden. Der eigene Körper wurde wichtig: individuelles Fitnesstraining («Trimm Dich») und die richtige Ernährung mit Lebensmitteln aus biologischem Anbau erfreuten sich wachsender Beliebtheit. Das Bedürfnis nach Introspektion und Selbstverwirklichung, nach Sicherheit und Wärme in der Geborgenheit kleinerer Gemeinschaften trat an die Stelle des Wunsches nach Weltrevolution.

Der Umschlag von der «alten Radikalität» zur «neuen Sensibilität» (Sven Reichardt) führte das linksalternative Milieu allerdings nicht dauerhaft in die Entpolitisierung. Die neue Frauenbewegung agierte mit ihrer Kampagne für die Abschaffung des § 218 über den Schwangerschaftsabbruch bereits seit 1971 hochpolitisch. Für die Umweltbewegung markierte der Kampf gegen den Bau des Atomkraftwerks im badischen Wyhl 1975 einen frühen Kristallisationspunkt. 1977 gingen 300 000 Westdeutsche gegen die Atomenergie auf die Straße, im Jahr darauf 400 000. Zu den teilweise gewaltsamen Demonstrationen gegen die Wiederaufbereitungsanlage in Gorleben 1979 und das Kernkraftwerk in Brokdorf 1981 kamen jeweils bis zu 100 000 Atomkraftgegner zusammen. Der TuNix-Kongress vom Februar 1978, zu dem 20 000 bis 30 000 Spontis, sogenannte Stadtindianer und andere nicht-organisierte Linke nach West-Berlin strömten, stieß zahleiche politische Aktionen und Projekte an: von der «taz» als alternativer Tageszeitung bis zum Import des Christopher-Street-Day als Demonstrationstag der Schwulen- und Lesben-Bewegung. Die Hausbesetzerszene der frühen 1980er Jahre mit ihren Hochburgen in West-Berlin und Hamburg war ebenfalls alles andere als unpolitisch – moderatere Kräfte protestierten gegen Leerstand, Extremisten erblickten im sogenannten Häuserkampf ein Mittel zur Agitation gegen die bestehenden Zustände in Staat und Gesellschaft.

Im ersten Drittel der 1980er Jahre richtete sich der Protest vor allem gegen den NATO-Doppelbeschluss. Zu den Großdemonstrationen gegen die Nachrüstung kamen von 1981 bis 1983 in drei aufeinanderfolgenden Jahren erst 300 000, dann 400 000 und schließlich fast eine halbe Million Menschen auf der Bonner Hofgartenwiese bzw. in den etwas südlich gelegenen Rheinauen zusammen. Der Protest gegen die Stationierung von

Cruise Missiles und Pershing II-Raketen in der Bundesrepublik avancierte zur größten Protestbewegung der westdeutschen Nachkriegsgeschichte. In der Kritik an Kernwaffen verbanden sich umwelt- und friedenspolitische Motive, weil die zivile und militärische Nutzung der Atomkraft als zwei Seiten einer Medaille präsentiert werden konnte. Wichtiger als die Finanzierung von Teilen der Friedensbewegung durch die DDR war eine breite gesellschaftliche Verankerung der Protestbewegung, die von linksextremen und kommunistischen Zirkeln erstmals bis in (evangelische wie katholische) kirchliche Kreise und das liberale und konservative Bürgertum hineinreichte; ihr Kraftzentrum hatte sie im linksalternativen Milieu und zunehmend auch auf dem linken Flügel der Sozialdemokratie.

Die Bedeutung der nationalsozialistischen Vergangenheit für das Selbstverständnis der westdeutschen Gesellschaft wurde mit wachsendem zeitlichen Abstand nicht geringer. Seit in den 1970er Jahren die letzten tief in das NS-Regime verstrickten Jahrgänge aus dem Berufsleben ausgeschieden waren, fiel es den Jüngeren immer leichter, sich von allen Aspekten des Lebens im «Dritten Reich» zu distanzieren und innerlich auf die Seite der Opfer der nationalsozialistischen Verbrechen zu stellen. Eine Zäsur in der öffentlichen Wahrnehmung markierte 1979 die Ausstrahlung der US-Serie «Holocaust» im deutschen Fernsehen. Sie erzählte erstmals für ein breites Publikum die Vernichtung der europäischen Juden als Einzelschicksal von Individuen und gab dem Grauen ein Gesicht.

Mit dem verstockten Beschweigen deutscher Untaten und der emotionalen Taubheit für die Qualen der Opfer, die vielfach die Perspektive der ersten Nachkriegsjahre bestimmt hatte, schwanden auch die Empathie für deutsches Leid und das Vermögen, zwischen verschiedenen Schattierungen der Belastung zu differenzieren. Wer für sein Handeln im NS-Regime nicht eindeutig Abbitte leistete, war politisch kaum noch tragbar. Das bekam der baden-württembergische Ministerpräsident Hans Filbinger zu spüren, der 1978 zurücktreten musste, weil er in den letzten Kriegswochen als NS-Marinerichter an Todesurteilen mitgewirkt hatte und sich im Nachhinein nicht klar genug

davon distanzieren wollte. Zugleich wurde der Nationalsozia-
lismus immer mehr zur Chiffre für die Ursache apokalyptischer
Ängste, wenn etwa die Kernkraft mit dem Slogan «Gestern
Gaskammern, morgen Atomstaat» kritisiert wurde, wenn in
der Debatte um den Sauren Regen von einem «Holocaust des
Waldes» die Rede war oder wenn Demonstranten mit einem
Plakat «Pershing macht frei» gegen die Stationierung amerika-
nischer Mittelstreckenraketen protestierten.

3. Die Volksparteien im Zenit

In einer Zeit vielfältiger Verunsicherungen schenkten die Westdeutschen an den Wahlurnen ihr Vertrauen bewährten politischen Kräften: der Union und der Sozialdemokratie. Die 1970er
Jahre bildeten den Scheitelpunkt in der Erfolgsgeschichte der
beiden großen Parteien der linken und rechten Mitte. Zusammen erhielten sie zwischen 1972 und 1983 bei vier Bundestagswahlen mit Wahlbeteiligungen um die 90% jeweils etwa neun
von zehn abgegebenen Stimmen – so viel wie nie zuvor und seither nie wieder in der Geschichte der Bundesrepublik. Die CDU
entwickelte sich unter dem neuen Parteichef Helmut Kohl und
dessen Generalsekretären Kurt Biedenkopf und Heiner Geißler
von einer als Kanzlerwahlverein agierenden bürgerlichen Hono-
ratiorenpartei zu einer durchorganisierten Volkspartei mit mehr
als 700 000 Mitgliedern und einem üppig ausgebauten Funk-
tionärsapparat. Auch der SPD, die stets mehr Mitglieder und
Funktionäre gehabt hatte als die Union, gelang nach 1969 der
«Durchbruch zur Volkspartei» (Peter Lösche/Franz Walter), als
ihr Hunderttausende neue Mitglieder sowohl aus der Studentenbewegung als auch aus den neuen Mittelschichten zuström-
ten, bis sie Mitte der 1970er Jahre zwischenzeitlich die Millionengrenze erreichte.

Auf den Visionär und Charismatiker Willy Brandt folgte als
Kanzler der Pragmatiker Helmut Schmidt, der zuvor als Verteidigungsminister, Fraktionschef sowie als Superminister für Wirtschaft und Finanzen reichhaltige Erfahrungen in hohen Ämtern
gesammelt hatte. Die Wachablösung an der Regierungsspitze

war mehr als ein Personalwechsel. Sie brachte eine Kurskorrektur in den Inhalten und der Präsentation der Politik, die der neue Amtsinhaber bewusst in Szene setzte, wenn er nicht mehr wie Brandt den Akzent auf Partizipation und Reformen («mehr Demokratie wagen») legte, sondern wirtschaftliche, soziale, innere und äußere Sicherheit nach vorne rückte. Auch die Entourage des Regierungschefs änderte ihr Gesicht: Intellektuelle Typen wie Egon Bahr, Horst Ehmke, Klaus von Dohnanyi oder Günter Gaus verschwanden aus Kabinett und Kanzleramt, an ihre Stelle traten gewerkschaftsnahe Technokraten und effiziente Manager der Macht vom Schlage Hans Apels oder Manfred Schülers, die das betont sachbezogene Politikverständnis des neuen Kanzlers teilten.

Der neue Mann an der Spitze passte in eine Zeit, die der Politik eher Krisenmanagement und Konsolidierung abverlangte als visionäre Aufbrüche. Brandt war weniger an der Spionageaffäre um Günter Guillaume gescheitert, der mehrere Jahre als Referent im Bundeskanzleramt gearbeitet hatte und im April 1974 als Agent des ostdeutschen Staatssicherheitsdienstes verhaftet worden war, als an seinem Unvermögen, sich auf die neuen Herausforderungen einzustellen. Sein Nachfolger präsentierte sich in den Wirtschaftskrisen der 1970er Jahre als ökonomisch versierter Macher, der sein Land bei allen Schwierigkeiten besser durch die wirtschaftlichen Turbulenzen zu bringen vermochte als viele Regierungschefs in anderen westlichen Industriestaaten. In der Auseinandersetzung mit der RAF stand er für eine kompromisslose, aber nicht exzessive Linie, indem er die Erstürmung der «Landshut» durch die GSG 9 anordnete und einen Austausch inhaftierter Terroristen gegen den gekidnappten Arbeitgeberpräsidenten verweigerte, zugleich aber Forderungen nach einer Wiedereinführung der Todesstrafe oder Gefangenenerschießungen als Vergeltung für terroristische Anschläge nicht nachgab.

Obwohl seit der Godesberger Programmwende der SPD ein belastbarer Konsens in der westdeutschen Innen- und Außenpolitik existierte, der Westbindung und Bundeswehr ebenso umfasste wie eine marktwirtschaftliche Ordnung und das Insti-

tutionengefüge des Grundgesetzes, blieben die beiden großen
Parteien in ihrem politischen Profil klar unterscheidbar. Im Gefolge der Studentenbewegung und der ebenso kontroversen wie
emotionsgeladenen Debatten um die neue Ostpolitik verschärfte
sich die Polarisierung seit Anfang der 1970er Jahre sogar wieder, was beiden Lagern Wähler und Mitglieder zuführte. In der
Wirtschafts- und Finanzpolitik kritisierte die christdemokratische Opposition insbesondere die wachsende Staatsverschuldung, ohne konkrete eigene Vorschläge für Sparmaßnahmen zu
entwickeln; es sei töricht, begründete Franz Josef Strauß diesen
Kurs, «einer Firma Hilfe anzubieten, die kurz vor dem Konkurs
steht». In der Abtreibungsfrage opponierte die Union gegen die
von der sozial-liberalen Koalition verfochtene Fristenregelung,
die einen Schwangerschaftsabbruch durch einen Arzt in den ersten drei Monaten nach der Empfängnis straffrei gestellt hätte.
Das Bundesverfassungsgericht, das die Union deswegen anrief,
verwarf den Regierungsentwurf, so dass am Ende die sogenannte Indikationsregelung Gesetz wurde, die eine Abtreibung
nur unter bestimmten medizinischen, ethischen oder eugeni-
schen Bedingungen gestattete.

Ihr strikter Oppositionskurs schadete den Christdemokraten
nicht. Sie gewannen im Verlauf des Jahrzehnts mehrere Landtagswahlen. Unklar blieb freilich, wie die Union die Macht im
Bund zurückgewinnen wollte. Die CSU bevorzugte einen Kon-
frontationskurs. Ihr Ziel war eine absolute Mehrheit, wie sie die
Christsozialen in Bayern, aber auch Hans Filbinger in Baden-
Württemberg und Ernst Albrecht in Niedersachsen erreichten.
Eine Mehrheit in der CDU-Führung hielt das auf Bundesebene
für illusorisch. Der Parteivorsitzende Helmut Kohl setzte nicht
darauf, die SPD mit einem polarisierenden Politikstil zu über-
rennen und die FDP zur Seite zu drücken, sondern die Liberalen
auf der Grundlage kompatibler Interessen und gemeinsamer
Überzeugungen, vor allem in der Wirtschaftspolitik, mittelfristig als Koalitionspartner zu gewinnen.

Bei der Bundestagswahl 1976 scheiterte die Union sowohl an
der absoluten Mehrheit als auch mit ihrem Werben um die FDP,
obwohl sie mit 48,6 % das zweitbeste Ergebnis ihrer Geschichte

eingefahren hatte. Danach spitzte sich der Streit in der Union so weit zu, dass die CSU zwischenzeitlich die Fraktionsgemeinschaft mit der CDU im Bundestag aufkündigte, um als vierte Partei mit konservativerem Profil bundesweit anzutreten. Als die CDU ihrerseits damit drohte, sich nach Bayern auszudehnen, ruderten die Christsozialen zurück. Die Auseinandersetzung um den richtigen Oppositionskurs dauerte jedoch an, bis Strauß selbst 1980 als Kanzlerkandidat gescheitert war und die FDP unter Hans-Dietrich Genscher, zu dem Kohl Kontakt hielt, 1982 tatsächlich mit einer inzwischen wieder weiter nach links rückenden SPD brach. Die Idee einer bundesweit antretenden vierten Partei rechts von der CDU war damit vom Tisch.

Stattdessen etablierte sich eine vierte Partei im linken politischen Spektrum. Ihr Kristallisationskern war eine doppelte Furcht vor der Atomnutzung: sowohl durch nukleare Rüstung als auch in ihrer zivilen Form als Kernkraft zur Energiegewinnung. Mit der Mobilisierungskraft der Umwelt- und Friedensbewegung im Rücken gelangen «Bunten» oder «Alternativen» Listen bei Kommunal- und Landtagswahlen in Schleswig-Holstein, Hamburg, Hessen und West-Berlin Ende der 1970er Jahre erste Erfolge. Bei der ersten Direktwahl zum Europäischen Parlament erreichten sie 1979 aus dem Stand 3,2 %. Die Gründung einer förmlichen Partei fand im Januar 1980 in Karlsruhe statt.

1983 zogen die Grünen mit 28 Abgeordneten erstmals in den Bundestag ein. Ihr Programm akzentuierte neben Ökologie, Gewaltfreiheit, Frauenemanzipation und sozialer Gerechtigkeit auch basisdemokratische Gegenentwürfe zu Parlamentarismus und etablierten Parteien, die sich aus beträchtlichem Misstrauen gegen die eingespielten Regeln der repräsentativen Demokratie in der Bundesrepublik speisten. Anfangs waren die Grünen eine bunte Sammlungsbewegung, deren weltanschauliches Spektrum von Veteranen der K-Gruppen aus der Studentenbewegung bis ins konservative Bürgertum reichte. Bald jedoch setzten sich die linken Strömungen durch, während Konservative wie der frühere CDU-Politiker Herbert Gruhl verdrängt wurden; seither verliefen die innerparteilichen Konfliktlinien zwischen ökologisch-sozialistischen Fundamentalisten und realpolitischen Reformern.

Weil sich die Grünen zu einer eindeutig links positionierten Protestpartei entwickelten, konfrontierten sie die SPD mit einem Dilemma. Gerade auf dem linken Flügel der Sozialdemokratie, der gestärkt aus der Bundestagswahl von 1980 hervorgegangen war, gab es viele Anhänger eines Zusammengehens mit den Grünen, etwa den früheren Entwicklungshilfeminister Erhard Eppler; auch ein Zentrist wie Willy Brandt sprach sich für einen integrativen Ansatz aus, weil er die linke Jugend, die während seiner Kanzlerschaft zur SPD geströmt war, nicht verlieren wollte. Schmidt und der Gewerkschaftsflügel hingegen waren entschiedene Gegner der Grünen, teils weil sie selbst mit dem Protestgestus und den unkonventionellen Umgangsformen der Linksalternativen nichts anfangen konnten, teils weil sie um die Akzeptanz der SPD in der Arbeitnehmerschaft fürchteten, wenn sie sich den Öko- und Friedensbewegten zu sehr öffnete.

Während die SPD in ökonomischen Fragen (aber auch in der Außenpolitik) tendenziell nach links rückte, vollzog ihr Koalitionspartner eine wirtschaftsliberale Wende zu einer stärker angebotsorientierten Politik. Als Vorreiter der marktliberalen Kräfte in der FDP kritisierte Otto Graf Lambsdorff die Politik der Koalition, der er selbst seit 1977 als Bundeswirtschaftsminister angehörte. Das als Lambsdorff-Papier bekannt gewordene Memorandum vom September 1982 war eine «wirtschaftspolitische Bankrotterklärung der sozialliberalen Ära» (Wolfgang Jäger) und markierte faktisch das Ende der Regierungszusammenarbeit von SPD und FDP. Die Scheidung wurde am 1. Oktober 1982 förmlich vollzogen, als die Liberalen in einem konstruktiven Misstrauensvotum gegen Schmidt und für seinen christdemokratischen Gegenspieler Helmut Kohl stimmten.

Mit dem Übergang zur christlich-liberalen Koalition wurden in der Wirtschaftspolitik, insbesondere bei der Konsolidierung der Staatsfinanzen, neue Akzente gesetzt. Die Regierung schwamm auf einer internationalen Welle wirtschaftsliberaler Reformpolitik, die sich den Kampf gegen die Inflation, die Begrenzung der Staatsaufgaben, die Deregulierung der Märkte und die Privatisierung von Staatsbetrieben zum Ziel setzte. Die Bundesrepublik stand nicht an der Spitze dieses Trends, sondern war im Vergleich zu den USA oder Großbritannien eher eine Nachzüglerin, was nicht nur mit den engeren institutionellen Rahmenbedingungen der bundesdeutschen Konsensdemokratie zu tun hatte, sondern auch mit den Präferenzen der CDU/CSU als Sozialstaatspartei. Die von Kohl propagierte «geistig-moralische Wende», von seinen Gegnern wahlweise als reaktionärer Rückfall oder neokonservative Revolution perhorresziert, blieb weitgehend aus. Auf vielen Politikfeldern überwog Kontinuität.

4. Internationale Koordinierung und Verschärfung des Kalten Krieges

Nachdem die Bundesrepublik im Rahmen ihrer neuen Ostpolitik auch zu den Staaten des sowjetischen Machtbereichs in diplomatische Beziehungen getreten und gemeinsam mit der DDR 1973 in die Vereinten Nationen aufgenommen worden war, vergrößerten sich ihre außenpolitischen Handlungsspielräume. Die weltwirtschaftlichen Turbulenzen der 1970er Jahre hatten zur Folge, dass ein ökonomisch potentes Land wie die Bundesrepublik, das mit Inflation, Arbeitslosigkeit und Wachstumsschwäche im internationalen Vergleich relativ gut zurechtkam, an Gewicht gewann. Schmidts Ruf als «Weltökonom» lag darin begründet, dass er auf der Basis westdeutscher Wirtschaftsstärke Strukturen internationaler Koordinierung etablieren half, um die zunehmend miteinander vernetzten Volkswirtschaften der westlichen Industriestaaten für neue Probleme wie globale Energiekrisen und Weltwährungsturbulenzen besser zu wappnen.

Gemeinsam mit dem französischen Staatspräsidenten Valéry Giscard d'Estaing betrieb der Kanzler die Einrichtung regelmäßiger Weltwirtschaftsgipfel der führenden sechs, später sieben Volkswirtschaften (neben der Bundesrepublik und Frankreich waren dies Großbritannien, Italien, Japan und die USA, seit

1976 auch Kanada), deren erster im November 1975 auf Schloss Rambouillet nahe Paris stattfand. Die Jahrestagungen von IWF und Weltbank wurden wichtiger, weil sie zur wirtschaftspolitischen Koordination zwischen nationalen Regierungen und den internationalen Weltwährungsorganisationen genutzt werden konnten. Im Rahmen der Europäischen Wirtschaftsgemeinschaft entstanden neue Koordinationsinstrumente wie der 1974 institutionalisierte Europäische Rat der Staats- und Regierungschefs, der zur mächtigsten Institution der Europäischen Gemeinschaft aufstieg und fortan die Leitlinien der Europapolitik bestimmte.

Zugleich stellte sich für die durch intensiven Handel eng miteinander verflochtenen Mitgliedsstaaten der EWG seit dem Ende von Bretton Woods die Frage nach einer Absicherung gegen allzu starke Wechselkursschwankungen. Ein 1970 veröffentlichter (nach dem luxemburgischen Ministerpräsidenten Pierre Werner benannter) Plan hatte die stufenweise Verwirklichung einer Wirtschafts- und Währungsunion bis 1980 vorgesehen, war aber in den wirtschaftlichen und währungspolitischen Turbulenzen dieser Jahre nie über das Planungsstadium hinausgekommen. Mit der Währungsschlange etablierten die EG-Staaten 1972 einen Wechselkursverbund, in dem sie ihre Währungen in einer Weise aneinanderbanden, dass nur geringfügige Schwankungen zwischen den Wechselkursen der Mitgliedsländer erlaubt waren. Die Konstruktion erwies sich jedoch als derart störanfällig, dass die Diskussion um einen strafferen Verbund bald erneut aufflammte. Ergebnis war das 1979 ins Leben gerufene Europäische Währungssystem (EWS), das feste, aber anpassungsfähige Wechselkurse zwischen den Währungen der teilnehmenden Staaten vorsah. Die D-Mark avancierte darin zur neuen Leitwährung; die Deutsche Bundesbank wurde zur zentralen Instanz in der europäischen Währungs- und Geldpolitik. Insofern waren die 1970er Jahre in der EWG nicht nur von Stagnation und «Eurosklerose» geprägt. Sie erwiesen sich auch als Inkubationszeit wichtiger Neuerungen. Zu diesen Innovationen zählten auch Direktwahlen zum Europäischen Parlament, die 1979 erstmals stattfanden.

Ost- und deutschlandpolitisch war die Zeit nach dem Abschluss der bahnbrechenden Verträge Anfang der 1970er Jahre von Kontinuität unter erschwerten Bedingungen gekennzeichnet. Mit Unterzeichnung der KSZE-Schlussakte von Helsinki im August 1975 hatte die Sowjetunion zwei wichtige Ziele erreicht: Der territoriale Status quo in Europa war nun auch multilateral festgeschrieben, und die Staaten des Westens hatten sich zu wirtschaftlicher und technologischer Zusammenarbeit mit Moskau verpflichtet; dass in Korb III der Schlussakte die humanitäre Zusammenarbeit und die Garantie bestimmter individueller Rechte festgeschrieben wurden, nahm die sowjetische Seite als unangenehmen Nebeneffekt in Kauf.

Seit Helsinki stagnierten die deutsch-deutschen Beziehungen, während sich die Atmosphäre zwischen der Sowjetunion und den USA verschlechterte. Als die Rote Armee zu Weihnachten 1979 in Afghanistan einmarschierte, wich die Entspannungspolitik endgültig einer neuen Verschärfung des Kalten Krieges. Für die Bundesrepublik stellte sich die Frage, wie die deutsch-deutschen Beziehungen und die mittlerweile erreichten menschlichen Erleichterungen aus der neuen Konfrontation der Supermächte herausgehalten werden konnten, zumal immer deutlicher wurde, dass der DDR zwar an ökonomischer Hilfe aus dem Westen, aber nicht an politischer Annäherung gelegen war. Die Folgeverhandlungen, die den Grundlagenvertrag von 1972 ergänzen sollten, gerieten daher in eine Sackgasse. Wichtige Fragen, etwa des Staatsbürgerrechts oder des Status von West-Berlin, blieben stecken, weil die DDR auf Maximalpositionen beharrte und die Bundesrepublik zu keinen wesentlichen Zugeständnissen bereit war.

In der Verteidigungspolitik registrierte der Bundeskanzler früher als andere eine potenzielle «Sicherheitslücke» zwischen Westeuropa und den USA. Verhandlungen über Rüstungsbegrenzungen bei den für die USA entscheidenden Interkontinentalraketen (SALT II) waren weit gediehen, während Abrüstungsgespräche über Mittelstreckenwaffen, die Europas Sicherheit betrafen, kaum in Gang kamen. Als die UdSSR zusätzlich zu ihrer erdrückenden Überlegenheit bei konventionellen Waffen

Mittelstreckenraketen vom Typ SS 20 aufzustellen begann, forderte Schmidt im Oktober 1977, der Westen müsse seinerseits nachrüsten, wenn es nicht gelinge, durch beiderseitige Abrüstung in Europa ein neues Gleichgewicht auf niedrigerem Level zu erreichen. Nach schwierigen Verhandlungen mit den westlichen Partnern mündete diese Überlegung in den NATO-Doppelbeschluss vom Dezember 1979. Darin kündigte das Bündnis die Aufstellung von Pershing II-Raketen und Marschflugkörpern vom Typ Tomahawk an, offerierte aber parallel dazu Verhandlungen zwischen Washington und Moskau über die Begrenzung von Mittelstreckenraketen östlich und westlich des Eisernen Vorhangs. Nachdem Schmidt, der seine Unterstützung des Doppelbeschlusses gegen heftige Widerstände in der SPD kaum noch behaupten konnte und sich darüber seiner Partei weiter entfremdete, als Kanzler gescheitert war, brachte Kohl den Nachrüstungsbeschluss trotz massiver Proteste der Friedensbewegung im November 1983 durch den Bundestag.

Der neue Regierungschef sah sich in der Kontinuität Adenauerscher Außen- und Sicherheitspolitik. In seinen Memoiren beschrieb er die Durchsetzung der Nachrüstung als «Sieg für die Allianz» und konstatierte, er sei dafür eingetreten, dass der Weg der Westintegration nicht verlassen wurde. Auch in der Ost- und Deutschlandpolitik blieb die von einigen befürchtete, von anderen erhoffte Wende aus. Obwohl die CDU/CSU im Bundestag mehrheitlich gegen den Grundlagenvertrag gestimmt und die KSZE-Schlussakte von Helsinki abgelehnt hatte, hielten Union und FDP nach 1982 an den Leitgedanken der sozial-liberalen Politik fest. Akzentverlagerungen betrafen die rhetorische Schärfe, mit der man auf den fortbestehenden Systemgegensatz hinwies, und das dezidierte Festhalten an der Einheit der Nation als Fernziel. Eine «Ambivalenz von öffentlich bekundeter Distanz und Kritik und der Bereitschaft zu Dialog und Kooperation in der Praxis» (Heinrich Potthoff) wurde 1983 beim sogenannten Milliardenkredit für die DDR deutlich (in Wirklichkeit handelte es sich nicht um einen Kredit der Regierung, sondern um Bundesbürgschaften für Bankenkredite); mit Franz Josef Strauß zog dabei ausgerechnet ein ursprünglich besonders scharfer Kritiker der Neuen Ostpolitik die Fäden im Hintergrund.

IV. Transformation und Beharrung (1985–1999)

1. Ein neues Europa

In den letzten 15 Jahren des 20. Jahrhunderts wurde das staatliche Gehäuse, in dem die Deutschen lebten, fundamental umgestaltet. In der Europapolitik bahnte sich Mitte der 1980er Jahre nach einer Phase der Erweiterung – zunächst gen Norden um Großbritannien, Dänemark und Irland, dann nach Süden um Griechenland, Portugal und Spanien – ein Schub vertiefender Integration an, der von der Grenzsicherung über das Wettbewerbsrecht und die Produktnormierung bis zur Währung immer mehr Kompetenzen auf die europäische Ebene transponierte. Das Tauwetter zwischen den Supermächten eröffnete Spielräume für eigenständige Initiativen der Europäer. Nachdem die zweite Ölpreiskrise 1979/80 überwunden war, gab es zudem Rückenwind durch eine Weltwirtschaft, die sich im Aufschwung befand.

Ausschlaggebend war die Kooperation des deutschen Bundeskanzlers Helmut Kohl mit dem französischen Staatspräsidenten François Mitterrand und dem ehemaligen französischen Wirtschafts- und Finanzminister Jacques Delors, der 1985 zum Präsidenten der Europäischen Kommission bestimmt wurde. Alle drei ließen sich nicht nur von den spezifischen Interessen ihrer Länder leiten. Sie waren auch von den Erfahrungen des Zweiten Weltkriegs geprägt und betrachteten die europäische Einigung als Friedensprojekt. Dem Bundeskanzler schwebte in den späten 1980er Jahren als Fernziel eine Art europäischer Bundesstaat vor, mit einer gemeinsamen Außen- und Sicherheitspolitik, einem vom Europäischen Parlament legitimierten parlamentarischen Entscheidungssystem, getragen durch ein europäisches Bewusstsein von Solidarität und Zusammengehörigkeit, wie es bis dahin nur auf nationalstaatlicher Ebene existierte. Darin unterschied sich Kohl grundlegend von der britischen Premierministerin Margaret Thatcher als Vierte im Bunde der entscheidenden europäischen Staatsleute jener Jahre, die zwar eine Intensivierung der Wirtschaftsbeziehungen innerhalb der EWG befürwortete, darüber hinausgehende politische Einigungsbestrebungen jedoch ablehnte.

Als Politikfeld, auf dem ein Durchbruch möglich erschien, bot sich der Abbau nicht-tarifärer Handelshindernisse wie Produktstandards oder Importquoten an, die von der europäischen Zollunion in den Römischen Verträgen unberührt geblieben waren. Das entsprach den britischen Ansichten über den Charakter der EG als Freihandelszone. Es korrespondierte mit den Interessen eines Exportlandes wie der Bundesrepublik und war – seit Mitterrands Abkehr von einer sozialistischen Wirtschaftspolitik 1983 – auch mit der französischen Ansicht in Einklang zu bringen, dass an einer ökonomischen Modernisierung und Liberalisierung kein Weg vorbeiführe. Mit der sogenannten Vollendung des Binnenmarktes war die europäische Einigung keine Angelegenheit mehr, die vorrangig von französischen und deutschen Überlegungen bestimmt wurde. Neben den Föderalismusgedanken der deutschen Tradition und französische Vorstellungen eines bürokratisch-administrativen Dirigismus traten Ideen ökonomischen Wettbewerbs und wirtschaftlicher Deregulierung, die im angelsächsischen Raum ihren Ursprung hatten.

Wie die Intensivierung der europäischen Integration mit dem dezidierten Festhalten der Kohl-Regierung an der Wiedervereinigung als Fernziel zusammenpasste, war nicht allen klar. Diplomaten aus den westeuropäischen Nachbarländern wunderten sich Mitte der 1980er Jahre mitunter, wie Ostpolitik und Westintegration der Bundesrepublik miteinander in Einklang zu bringen waren. Solange die sowjetische Herrschaft in Ostmitteleuropa Bestand hatte und das SED-Regime in der DDR fest im Sattel saß, blieben die Spannungselemente in der doppelten Staatsräson der Bundesrepublik mit ihren Zwillingszielen der deutschen und europäischen Einheit akademischer Natur. Virulent wurden sie erst, als die inneren Reformen in der UdSSR im Zuge von Glasnost und Perestroika («Transparenz» und «Umbau»), zu denen sich Gorbatschow entschlossen hatte, um den Sozialismus marxistisch-leninistischer Prägung zu retten, das Sowjetimperium in Ostmitteleuropa und später die Sowjetunion selbst unterminierten. Innere Strukturprobleme der UdSSR – Ineffizienz der Planwirtschaft, ideologische Versteinerung, technologische Rückständigkeit – trugen ebenso zu dieser Entwicklung bei wie die Politik des Westens. Anfang der 1980er Jahre hatten die USA unter Ronald Reagan mit Planungen für den Aufbau eines Abwehrschirms gegen Interkontinentalraketen («Strategic Defense Initiative»: SDI) begonnen, der das Wettrüsten ins Weltall ausweiten sollte. In der zweiten Hälfte der Dekade starteten sie Abrüstungsinitiativen, die in den INF-Vertrag von 1987 mündeten, das bedeutete den Abbau aller Mittelstreckenraketen in Europa mit einer Reichweite von 500 bis 5500 Kilometern. Im Gegensatz zu früheren Vereinbarungen wie den SALT-Abkommen, die auf Begrenzung zusätzlicher Rüstung zielten, brachte die «doppelte Null-Lösung» im INF-Vertrag eine tatsächliche Reduktion nuklearer Waffen.

In der Bundesrepublik löste diese Entspannungspolitik Bedrohungsreflexe aus. Sicherheitsexperten fragten, ob die Abschaffung der Mittelstreckenwaffen nicht dem Anfang eines Rückzugs der USA aus Europa gleichkomme und der Sowjetunion mit ihrer konventionellen Überlegenheit in die Hände spiele. Wie in den 1950er Jahren machte das Stichwort «Potsdam» die Runde; diesmal als Schreckbild einer abrüstungspolitischen Einigung der beiden Supermächte ohne Rücksicht auf die Interessen der Bundesrepublik als Staat ohne Nuklearwaffen. Zusätzliche Spannungen zwischen der Bundesrepublik und ihren Verbündeten lösten die auf deutschem Boden stationierten Kurzstreckenraketen mit Reichweiten bis 500 Kilometer aus. Die Amerikaner wollten an ihnen festhalten, um die sowjetischen Vorteile bei Panzern, Artillerie und Soldaten auszugleichen. Die Bundesregierung machte sich für eine «dritte Null-Lösung» stark, um eine Öffentlichkeit zu besänftigen, die empfindlich darauf reagierte, dass Kurzstreckenwaffen östlich wie westlich des Eisernen Vorhangs nur Deutsche treffen würden.

Die Kontroverse verlief im Sande, als 1989 die Sowjetherrschaft in Ostmitteleuropa innerhalb weniger Monate implodierte, weil immer mehr Menschen gegen die Diktatur aufbegehrten. In Ostdeutschland gingen im Herbst 1989 Woche für Woche Hunderttausende bei Montagsdemonstrationen auf die Straße. Die herrschende Kaste versuchte zunächst, den Spannungen mit Repression zu begegnen. Als dies den Widerstand nicht brach, schwenkte sie um und setzte auf Konzessionen, etwa bei Forderungen nach mehr politischer Mitbestimmung oder dem Abbau von Grenzanlagen. Damit leitete sie ihr eigenes Ende ein. Der Warschauer Pakt löste sich 1991 auf, und die mehr als 500 000 in Ostdeutschland stationierten Soldaten und zivilen Angehörigen der Roten Armee zogen bis 1994 ab. Zum 3. Oktober 1990 trat die DDR nach Artikel 23 des Grundgesetzes der Bundesrepublik bei. Das vereinigte Deutschland blieb Mitglied der NATO, auch wenn das Bündnis zusicherte, keine Truppen auf dem Territorium der ehemaligen DDR zu stationieren.

Dass die Vereinigung der beiden deutschen Staaten, die eine geopolitische Revolution in Europa bedeutete, friedlich und in weitgehendem Einvernehmen der beteiligten Mächte zustande kam, hatte mit dem Verhandlungsgeschick des Bundeskanzlers und seines Außenministers im Rahmen der 2-plus-4-Verhandlungen ebenso zu tun wie mit glücklichem Timing und einer günstigen internationalen Konstellation. Die Bush-Administration in den USA setzte auf die Bundesrepublik als wichtigsten Verbündeten in Europa. Sie machte sich die Überwindung der deutschen Teilung als zentralen Bestandteil einer neuen internationalen Ordnung jenseits des Kalten Krieges auch deswegen zu eigen, weil sie von der Bündnistreue, welche die Deutschen in der Nachrüstungsdebatte unter Beweis gestellt hatten, überzeugt war. In der Sowjetunion war Gorbatschow so schwach, dass er sich nicht gegen die deutsche Einheit zu sperren vermochte, ohne die Kooperation mit dem Westen, die er zur Abstützung seiner inneren Reformen benötigte, zu verspielen. Er war jedoch noch stark genug, um sich gegen die Hardliner im eigenen Land durchzusetzen, zumal die Bundesregierung ihm den Abzug der Truppen aus Ostdeutschland mit zwei deutsch-russischen Verträgen und 15 Milliarden D-Mark an Unterstützungszahlungen versüßte. Nachdem die Sowjetunion als Vetomacht ausgefallen war, hatten Paris und London, wo man den Zug zur Einheit mit größerem Misstrauen verfolgte, den Deutschen und Amerikanern nichts entgegenzusetzen.

Den europäischen Nachbarn versuchte Kohl einen vereinigten deutschen Nationalstaat in der Mitte des Kontinents mit der Formel akzeptabel zu machen, deutsche Einheit und europäische Einigung seien zwei Seiten derselben Medaille. Was diese Zusicherung außer dem festen Willen der vereinigten Deutschen, sich als «gute Europäer» zu erweisen, konkret bedeutete, war zunächst weniger klar. Entsprechend gestaltete sich die Außenpolitik der Bundesrepublik nach 1990 als schwieriger Lernprozess, bei dem sich immer wieder die Frage stellte, welche Maximen der alten Staatsräson unter den neuen Bedingungen ihre Gültigkeit behielten und welche obsolet geworden waren. Die Zeit der bipolaren Welt und des geteilten Deutschlands war vergangen. Sie prägte aber weiterhin das Denken. Erweiterte Handlungs- und Einflussoptionen öffneten sich vor allem in Ostmitteleuropa, aber auch neue Problemlagen entstanden. Der Bundesregierung fiel es umso schwerer, sich darin zurechtzufinden, als nicht nur ihre Selbstwahrnehmung zwischen neuem Selbstbewusstsein und «Angst vor der Macht» (Gregor Schöllgen) schwankte. Auch die Verbündeten und europäischen Nachbarn oszillierten in ihren Deutschlandbildern zwischen unvereinbaren Extremen: War im Zuge der Wiedervereinigung wiederholt die Sorge vor einem «Vierten Reich» laut geworden, überwog schon wenige Monate später während des ersten Irakkriegs 1991 der Vorwurf der Drückebergerei, weil die Bundesregierung keine deutschen Soldaten an den Persischen Golf entsandte, sondern sich auf materielle Unterstützung und – ganz erhebliche – finanzielle Beteiligung an den Kosten beschränkte.

Besonders bei der Reaktion auf den Bürgerkrieg im ehemaligen Jugoslawien wurden nach dem Wegfall des gemeinsamen Feindes Differenzen zwischen den Bündnispartnern spürbar. Verschüttet geglaubte historische Wahrnehmungsmuster traten zutage. Als Außenminister Genscher 1991 drängte, die Unabhängigkeit Sloweniens und Kroatiens möglichst rasch anzuerkennen, teilten Briten und Franzosen den Verdacht, bei der deutschen Haltung spielten nicht nur moralische und humanitäre Überlegungen eine Rolle, sondern auch tiefer liegende Sympathien für Kroatien, die bis vor den Ersten Weltkrieg zurückreichten und auch mit der kroatischen Hilfe für die Achsenmächte im Zweiten Weltkrieg zu tun hatten. Vor allem aber störten sie sich an der Diskrepanz zwischen den lautstarken Protesten der Deutschen gegen serbische Gräuel und dem politischen Unwillen bzw. der verfassungsrechtlichen Unmöglichkeit und militärischen Unfähigkeit, selbst etwas dagegen zu unternehmen. Auf dem Balkan traten Probleme zutage, denen mit dem traditionellen Instrumentarium bundesdeutscher Außenpolitik nicht beizukommen war.

2. Wirtschaft und Währung jenseits des Ost-West-Konflikts

Das Ende des Kalten Krieges zwischen 1989 und 1991 fiel mit einer Intensivierung der europäischen Integration zusammen. Beschleunigung und Verdichtung des Einigungsprozesses kamen vor allem in der Vollendung des Binnenmarktes und der Vereinbarung einer gemeinsamen Währung zum Ausdruck. Beide Entwicklungen – geopolitische Neuordnung und europäische Einigung – waren so eng miteinander verwoben, dass verschiedentlich suggeriert worden ist, der Euro sei der Preis gewesen, den Deutschland für die Wiedervereinigung zu zahlen hatte. Diese Verkürzung gehört ins Reich der Legenden. Genscher hatte schon 1988 eigene Pläne für eine Währungsunion lanciert, und auch Kohl hatte sich das Projekt, nach anfänglichem Zögern, zu eigen gemacht, bevor die friedliche Revolution in Ostdeutschland begann. Tatsächlich wäre die europäische Gemeinschaftswährung aber nicht so rasch und nicht in der Form zustande gekommen, wenn ihre Vorgeschichte sich nicht mit dem Fall der Mauer gekreuzt hätte. Es gab starke Gegenkräfte, in der Bundesbank, im Finanz- und Wirtschaftsministerium, selbst im Auswärtigen Amt und im Kanzleramt, die gern auf Zeit gespielt hätten, um die Einheitswährung auf eine unbestimmte Zukunft zu vertagen. Der Umbruch im Osten erhöhte den Zeitdruck. Er zwang die Bundesregierung, die Glaubwürdigkeit ihres Bekenntnisses zu «Europa» unter Beweis zu stellen, und er gab der französischen Diplomatie einen Hebel in die Hand, einen Fahrplan für den Weg in die Währungsunion durchzusetzen.

Der europäischen Gemeinschaftswährung lagen vier strategische Überlegungen zugrunde: eine Vertiefung der deutsch-französischen Verständigung; das Bedürfnis nach Einhegung Deutschlands in Europa; das Bestreben, Wechselkursrisiken zu minimieren; sowie der Wunsch, eine europäische Gegenmacht zum US-Dollar als globaler Leitwährung zu schaffen. Dass zwischen 1988 und 1992 anders als in den 1970er Jahren der Durchbruch zu einer europäischen Währung gelang, lag daran, dass Kohl und Mitterrand technische Details mit Nichtachtung straften und entschlossen waren, ihre Pläne auch gegen Widerstände von Fachleuten durchzusetzen. Ihnen kam entgegen, dass die Schwankungen des Dollarkurses in den zurückliegenden Jahren groß gewesen waren: In der ersten Hälfte der 1980er Jahre war der Dollar stark gestiegen, danach sank er drastisch, mit einem Tiefpunkt während der amerikanischen Rezession 1990/91.

Die Schwäche des Dollars wirkte sich besonders auf die D-Mark aus, die zu einer international gehandelten Anlagealternative wurde: Der Verfall des Dollarkurses trieb den Kurs der D-Mark in die Höhe und setzte die anderen Währungen im EWS unter Druck. Da die Banque de France im Zuge der Neuausrichtung der französischen Wirtschaftspolitik seit 1983 den Franc eng an die D-Mark gekoppelt hatte, um ihm Stabilität zu verleihen, wurden deutsche und französische Exporte teurer. In Paris war man von der deutschen Geldpolitik abhängig, ohne Einfluss auf sie nehmen zu können. Die Vergemeinschaftung der D-Mark war daher ein beharrlich verfolgtes Ziel französischer Europapolitik. Dafür nahmen Mitterrand und seine Nachfolger große soziale und ökonomische Kosten in Kauf – am dramatischsten 1992/93, als erhebliche Interventionen durch die Zentralbanken und eine empfindliche Abwertung nötig wurden, um den Franc im EWS zu halten.

Die Konzeption einer unabhängigen Notenbank, die von den Einflüssen der Politik freigehalten wurde, nur auf den Erhalt der Preisstabilität ausgerichtet war und sich auf keine anderen Aufgaben – etwa in der Konjunktur- oder Arbeitsmarktpolitik – einließ, fand zwischenzeitlich auch außerhalb Deutschlands Unterstützung, insbesondere in Frankreich, aber auch in Großbritannien. So gelang es in den 1990er Jahren, die Europäische Zentralbank (EZB) nach dem deutschen Modell zu entwerfen. Das erleichterte es Kohl, eine misstrauische deutsche Öffentlichkeit und skeptische Bundesbanker zu überzeugen, der Euro werde so stabil und erfolgreich wie die D-Mark. Hinzu kam Rückenwind aus der Weltwirtschaft. Der Dollar gewann seit 1995 wieder an Wert. Das schwächte die D-Mark, stärkte den deutschen Export und gestattete es der Bundesbank, die Zinsen zu senken. Der Run auf den Dollar in Präsident Bill Clintons zweiter Amtszeit rettete faktisch die Europäische Währungsunion, eine ironische Wendung für ein Projekt, das nicht zuletzt dazu diente, die europäische Abhängigkeit von der amerikanischen Geldpolitik zu mindern.

Die Zusatzbelastungen durch die deutsche Einheit, die sich allein für die Jahre 1991 bis 1995 auf 615 Milliarden D-Mark beliefen, und die Intensivierung der europäischen Einigung (Deutschland blieb größter Nettozahler) konnte die Bundesrepublik verkraften, weil sich ihre Wirtschaft in einer vergleichsweise robusten Verfassung befand. Die Unternehmen hatten den industriellen Strukturwandel vorangetrieben und Produktivitätsgewinne erzielt. Die Staatsquote war von 48 % Anfang der 1980er Jahre auf 44,5 % am Ende der Dekade gesunken. Selbst die Zahl der Arbeitslosen war von über zwei Millionen 1982/83 auf 1,8 Millionen leicht zurückgegangen. Die positiven Entwicklungen hatten ebensoviel mit den Konjunkturzyklen der Weltwirtschaft und sinkenden Rohstoffpreisen zu tun wie mit den eher halbherzigen Reformen der Kohl-Regierung, die sich vorsichtiger an Veränderungen im Steuersystem und bei den Sozialversicherungen oder die Deregulierung staatlicher Monopole bei Post und Telekommunikation herantastete als andere Länder.

Neben den finanziellen Anforderungen der europäischen Integration und den Kosten der Einheit machte sich im vereinigten Deutschland der Strukturwandel infolge beschleunigter Globalisierung immer stärker bemerkbar. Traditionsunternehmen wie Hoechst (Chemie) oder Mannesmann (Maschinenbau) fusionierten mit ausländischen Konzernen oder wurden übernommen. Firmen verlegten Produktionsstandorte ins Ausland, etwa nach Ostmitteleuropa oder Asien, und reduzierten ihre Belegschaften in Deutschland. Die Betriebsleitungen gaben den Kostendruck infolge des intensivierten globalen Wettbewerbs an die Beschäftigten weiter, so dass Reallöhne sanken, Arbeitszeiten stiegen, Massenentlassungen und Werkschließungen zunahmen. Dem Staat brachen Steuereinnahmen weg, während zugleich die Kosten für Arbeitslosengeld, Frühverrentung und Sozialhilfe anschwollen. Weil die Regierung kaum Einschnitte vornahm, sondern im Gegenteil einen Teil der Lasten der deutschen Einheit über die Sozialsysteme abwickelte (beispielsweise in Form von Renten für Ostdeutsche, die vorher nicht ins westdeutsche Rentensystem hatten einzahlen können), wuchsen Staatsquote und Steuerlast. Auch die Lohnnebenkosten und die Beitragssätze in den Sozialversicherungen nahmen zu, was Nachteile für die Bundesrepublik als Standort im internationalen Wettbewerb mit sich brachte.

Den größten Veränderungsdruck, materiell wie mental, hatten die Ostdeutschen auszuhalten. Der Zusammenschluss von Bundesrepublik und DDR war keine «Übernahme» (Ilko-Sascha Kowalczuk) des Ostens durch den Westen. Er war Resultat einer friedlichen Revolution, deren Ergebnisse 1990 in drei demokratischen Wahlen – in der ersten und zugleich letzten freien Volkskammerwahl im März, bei den Landtagswahlen in den wiedererstandenen ostdeutschen Bundesländern im Oktober und bei der gesamtdeutschen Bundestagswahl im Dezember – von den Ostdeutschen selbst bestätigt wurden. Der Beitritt der DDR zur Bundesrepublik gemäß Artikel 23 des Grundgesetzes war allerdings auch keine Vereinigung unter Gleichen. Dafür war der Westen zu übermächtig, die Wirtschaft im Osten zu zerrüttet und das politische System dort zu stark diskreditiert. Der SED-Staat hatte in den 1980er Jahren zunehmend von der wirtschaftlichen Substanz gelebt. Lebensstandard und Konsumniveau der Bevölkerung waren gesunken. Der technologische Rückstand zum Westen, etwa in der Mikroelektronik, war uneinholbar geworden. Die ökologische Bilanz – zumal in der mitteldeutschen Chemieregion um Bitterfeld – sah verheerend aus. Der Anschluss an die Weltmärkte war komplett verloren gegangen. Als die Sowjetunion das SED-Regime nicht mehr um jeden Preis stützte und die Staatspartei ihre Grenze nicht mehr versiegelt halten konnte, lief der DDR ihre Bevölkerung davon. Erst jetzt trat das ganze Ausmaß des wirtschaftlichen Desasters, das bis dahin nur wenigen Eingeweihten an der SED-Spitze bekannt gewesen war, offen zutage.

Für das vereinigte Deutschland bedeutete der ökonomische Bankrott der DDR, dass nicht nur die Trümmer der sozialistischen Planwirtschaft in Form unrentabler Betriebe und nicht wettbewerbsfähiger Kombinate weggeräumt werden mussten. Es waren auch neue rechtliche, wirtschaftliche und gesellschaftliche Fundamente zu legen, weil in der DDR Rechtsinstitute wie Eigentum oder Schulden, die für eine Marktwirtschaft zentral sind, keine Bedeutung besessen hatten. Nach vierzig Jahren Sozialismus gab es in Ostdeutschland praktisch keinen Mittelstand mehr, und unternehmerische Eigeninitiative musste erst eingeübt werden. Dies alles hatte unter dem Druck eines Strukturwandels zu geschehen, der West und Ost gleichermaßen traf.

Zugleich musste die Transformation in einer Art und Weise vonstattengehen, die verhinderte, dass noch mehr Ostdeutsche ihrer Heimat den Rücken kehrten und in den Westen abwanderten. Daher entschied man sich in den Verhandlungen über die deutsche Wirtschafts-, Währungs- und Sozialunion auf Drängen der letzten DDR-Regierung unter Lothar de Maizière, zum 1. Juli 1990 Löhne, Renten und andere Sozialleistungen mit einem Umtauschkurs von 1:1 anzupassen, obwohl diese Relation von den ökonomischen Realitäten nicht gedeckt war. Sparguthaben wurden zum Kurs von 2:1 aus Mark der DDR in D-Mark umgetauscht, lediglich ein nach Alter gestaffelter Sockelbetrag von 2000 bis 6000 DDR-Mark konnte 1:1 konvertiert werden. Diese Maßnahmen hatten zwei Konsequenzen: Einerseits brachten sie für die Ostdeutschen erhebliche Zuwächse an Wohlstand und Konsumchancen; andererseits bedeuteten sie de facto eine Währungsaufwertung um 400% zu einer Zeit, als der Osthandel wegbrach und andere Länder im ehemaligen Ostblock abwerteten, um ihre Wettbewerbsfähigkeit zu verbessern. In der Konsequenz konnte die ostdeutsche Wirtschaft weder mit den Niedriglohnländern im Osten noch mit der viel produktiveren Konkurrenz in Westdeutschland mithalten. Die Wirtschaftsleistung östlich der Elbe brach zusammen, während Westdeutschland aufgrund des nachholenden Konsums in den neuen Bundesländern, der mit Westwaren befriedigt wurde, eine kurze Hochkonjunktur erlebte.

Die ökonomischen Unwägbarkeiten für die Ostdeutschen wurden durch ein gigantisches Programm zur Überführung von DDR-Staatsbetrieben in marktwirtschaftliche Strukturen, das von der Treuhandanstalt organisiert wurde, noch vergrößert: Rund die Hälfte der über 12000 Betriebe mit ihren etwa vier Millionen Beschäftigten, derer sich die Treuhand annahm, wurde privatisiert, weitere 13% gab man an die Alteigentümer zurück; der Rest wurde stillgelegt. Bei Privatgrundstücken und -häusern kam es nach dem im Einigungsvertrag festgelegten Grundsatz «Rückgabe vor Entschädigung» ebenfalls zu weitreichenden Veränderungen in den Besitzstrukturen: Etwa ein Fünftel der 2,2 Millionen Restitutionsanträge von Alteigentümern, die man in der DDR enteignet hatte, war erfolgreich.

Die Umstrukturierungen hatten dramatische Auswirkungen auf den ostdeutschen Arbeitsmarkt. Bis 1992/93 verschwand ein Drittel derjenigen, die im letzten Jahr der DDR in Lohn und Brot gestanden hatten, aus dem Berufsleben. Rund 1,15 Millionen Menschen (16%) waren arbeitslos gemeldet. Fast alle über 55-Jährigen (98%) schieden innerhalb weniger Jahre aus dem Erwerbsleben aus, zumeist als Vorruheständler über Frühverrentungsprogramme. Von denjenigen, die im November 1994 noch einen Job hatten, war nur ein Viertel bei demselben Arbeitgeber beschäftigt wie 1989; nur 18% waren ohne Unterbrechung berufstätig gewesen. Auch wenn diese enormen Verwerfungen vom ausgebauten Sozialstaat der Bundesrepublik abgefedert wurden, hatten sie gewaltige kollektivpsychologische Folgen.

Das galt besonders für eine Gesellschaft, die sich weniger über Besitz als über Arbeit zu definieren gelernt hatte und in der zu DDR-Zeiten große Teile des Lebens – von der Gesundheitsversorgung über die Freizeit- und Urlaubsgestaltung bis zur Kinder- oder Rentnerbetreuung – durch die Arbeitsstätten organisiert worden waren. Mit den Kombinaten verschwanden nicht nur Jobs, sondern auch die von ihnen betriebenen Kindergärten, Krankenhäuser, Verkaufsstellen, Jugendclubs, Schwimmbäder, Ferienlager und Wohnheime. Helmut Kohl, der 1990 «blühende Landschaften» in Ostdeutschland versprochen hatte, konnte bei seinem Ausscheiden aus dem Kanzleramt 1998 auf viele renovierte Altstädte, frisch gepflasterte Marktplätze und neu asphaltierte Straßen in Mecklenburg-Vorpommern und Sachsen-Anhalt, Brandenburg, Sachsen und Thüringen blicken, die mit Milliardensummen aus dem Westen finanziert worden waren. Zur Gesamtbilanz des ersten Jahrzehnts der deutschen Einheit gehörten aber auch die mentalen Folgekosten sozial verödeter Landstriche, denen mit den Arbeitsplätzen auch die jungen Leute und die Stätten sozialer Begegnung abhandengekommen waren.

3. Das System Kohl

Zu den größten Trümpfen des Mannes, der zum Kanzler der Einheit wurde, gehörte der Umstand, dass er über weite Strecken seiner politischen Laufbahn von Parteifreunden wie politischen Gegnern unterschätzt wurde. Schon früh hatte Helmut Kohl sich für die Politik als Beruf und Bestimmung entschieden. Er war nicht einmal dreißig, als er zum ersten Mal in den Landtag von Rheinland-Pfalz gewählt wurde. Mit 35 wurde er Landesvorsitzender der Union, drei Jahre später Ministerpräsident. Als er vier Jahre darauf zum Bundesvorsitzenden der CDU gewählt wurde, war er gerade 43 Jahre alt geworden. Dennoch war seine Karriere mit Rückschlägen gepflastert, die ihn Nehmerqualitäten lehrten: 1966 misslang ihm die Wahl ins Präsidium seiner Partei. Fünf Jahre darauf verlor er eine Kampfabstimmung um den Vorsitz der Bundespartei. Bei der Bundestagswahl 1976 unterlag er als Oppositionsführer dem Amtsinhaber Helmut Schmidt, obwohl er mit 48,6% das zweitbeste Ergebnis in der Geschichte der deutschen Christdemokraten eingefahren hatte.

Anders als seinen Vorgängern Brandt und Schmidt gelang es ihm auch als Kanzler lange Zeit nicht, ein auskömmliches Verhältnis zu den Medien zu entwickeln. Kohl galt als provinziell, geistig begrenzt und führungsschwach. Karikaturisten bildeten ihn als «Birne» ab. Journalisten spotteten über seine pfälzische Mundart und mitunter unbeholfene Rhetorik. Gegenseitige Abneigung wurde über die Jahre zur Geschäftsgrundlage zwischen dem Kanzler und weiten Teilen der Medien. Das änderte sich erst, als er nach 1990 noch im Amt zu einer historischen Figur wurde. Trotz der Medien und teilweise gegen sie hielt sich Kohl über 25 Jahre als Parteichef. Als Kanzler wurde er nach 1983 noch dreimal (1987, 1990 und 1994) wiedergewählt, so dass er insgesamt 16 Jahre an der Spitze der Bundesregierung stand.

Dieser Erfolg war nicht nur der unverhofften Revolution in der DDR geschuldet, die Kohl geschickt zu seinen Gunsten nutzte, als er sich im Herbst 1989 mit einer innerparteilichen Fronde konfrontiert sah. Das Fundament seines politischen Beharrungsvermögens waren seine Beziehungen zur CDU-Basis, die er über die Jahre, oft per Telefon, durch persönliche Kontakte und Patronage zum Teil bis hinab auf die Kreisebene kultivierte. Bei der Besetzung von Ämtern und Gremien in Staat und Partei behielt er nicht nur den (allmählich an Bedeutung verlierenden) Proporz der Konfessionen im Auge, sondern auch eine ausgewogene Verteilung zwischen den regionalen Gruppen. Die Balance der verschiedenen Flügel – vor allem zwischen den abhängig Beschäftigten bei den «Herz-Jesu-Sozialisten» in der Christlich-Demokratischen Arbeitnehmerschaft (CDA) und den mittelständischen Unternehmern auf dem Wirtschaftsflügel – war ebenfalls wichtig. Bis in die 1980er Jahre hinein gelang es der Union, ihre Kernanhängerschaft im katholischen Milieu, unter Frauen, Selbständigen und Landwirten an die Partei zu binden und in Wahlkämpfen zu mobilisieren. Danach setzte allmählich eine Erosion ein, die mit der abnehmenden Bindekraft politischer Parteien ebenso zu tun hatte wie mit dem verblassenden Feindbild des Kommunismus.

Als Basis seiner Regierungskoalition diente dem Kanzler ein Bündnis mit den Liberalen unter Hans-Dietrich Genscher. Die Dauerhaftigkeit dieser Verbindung lag nicht nur in den Gemeinsamkeiten in der Wirtschafts- und Sozialpolitik sowie grundsätzlich auch in der Außen-, Europa- und Deutschlandpolitik begründet. Der Kanzler kalkulierte ebenso das Profilierungs- und Abgrenzungsbedürfnis des kleineren Partners – zum Beispiel in der Innen- und Rechtspolitik – in seine Planungen ein. Zudem nutzte er die FDP als Korrektiv gegen unliebsame Forderungen aus der CSU, so dass er seine eigene Partei in der Regel als ausgleichende Kraft in der Mitte positionieren konnte. Die Langlebigkeit der christlich-liberalen Koalition resultierte auch daher, dass beide Partner sich einen Bruch des Bündnisses kaum leisten konnten. Der FDP haftete das Stigma der «Umfaller-Partei» an. Einen weiteren Koalitionswechsel nach 1969 und 1982 konnte sie sich auf absehbare Zeit nicht erlauben. Aber auch die Union war auf die Liberalen angewiesen, denn absolute Mehrheiten blieben für sie unerreichbar, und ein anderer Koalitionspartner war weit und breit nicht zu erkennen.

Der Erfolg der Grünen als vierter Partei, die 1985 in Hessen als erstem Bundesland eine Koalition mit der SPD eingingen und mit Joschka Fischer im Ressort für Umwelt und Energie den ersten Landesminister stellten, schränkte den Handlungsspielraum der Union ein. Obwohl sie zunächst vor allem Stimmen von den Sozialdemokraten abzogen und keineswegs gesichert war, ob sie sich dauerhaft würden halten können, nachdem sie 1990 in Westdeutschland an der Fünf-Prozent-Hürde gescheitert waren, verschlechterte die Linksverschiebung des Parteienspektrums die strategische Position der Union. Als sich die

Ex-Kommunisten mit ihrer Partei des demokratischen Sozialismus (PDS) als fünfte Kraft – zunächst in Ostdeutschland, später
auch im Westen – etablierten, eröffnete sich perspektivisch eine
weitere Koalitionsoption links der Mitte, die der Union ver-
schlossen blieb. 1994 wurde die PDS in Sachsen-Anhalt im
sogenannten «Magdeburger Modell» erstmals auf Landesebene
in eine Koalitionsbildung einbezogen, indem sie eine rot-grüne
Minderheitsregierung durch Tolerierung ermöglichte; vier Jahre
später trat sie in Mecklenburg-Vorpommern zum ersten Mal als
Juniorpartner der SPD offiziell in eine Landesregierung ein.

Vergleicht man die Integration der alten Eliten aus der untergegangenen Diktatur in die Bundesrepublik nach 1990 mit der
Zeit nach dem Ende des «Dritten Reiches», so erfolgte sie unter spiegelverkehrten Vorzeichen. Die Mitläufer und Mittäter
der NS-Herrschaft mussten nach 1945 ihrer alten Ideologie ab-
schwören. Sie hatten sich zumindest äußerlich in die neuen Verhältnisse zu fügen und durften politisch keine herausgehobene
Rolle mehr spielen. Dafür wurden sie rechtlich rasch amnestiert
und gesellschaftlich zügig rehabilitiert. Nach 1990 funktio-
nierte das Verfahren genau umgekehrt. Das politische Bekenntnis zum Kommunismus war nicht so diskreditiert wie das zum
Nationalsozialismus. Die Staatspartei der DDR existierte unter
verändertem Namen weiter. Dafür wurde die DDR-Vergangen-
heit rascher und umfassender aufgearbeitet, als es nach 1945
mit dem Nationalsozialismus geschehen war. Zugleich war der
Elitenaustausch viel gründlicher als nach 1945, schon weil mit
den Westdeutschen – für die speziellen Zwecke einer demokratischen und marktwirtschaftlichen Ordnung häufig besser aus-
gebildeter – Ersatz in einem Ausmaß zur Verfügung stand, wie
es nach dem Ende der NS-Diktatur nicht der Fall gewesen war.
Insgesamt wurden rund 40% der ostdeutschen Spitzenpositio-
nen in den ersten fünf Jahren nach der deutschen Einheit mit
Westdeutschen besetzt, «nach der Faustregel: je höher die Position, desto höher der Westanteil» (Andreas Rödder).

Ein erneuerter antitotalitärer Konsens der Demokraten stieß
an engere Grenzen als in der Adenauer-Ära, so sehr sich die
CDU in den 1990er Jahren auch bemühte, die PDS als Nachfol-

gepartei der SED zu brandmarken. Im Westen verblasste die Erinnerung an die kommunistische Bedrohung. In den neuen Bundesländern galt die frühere Staatspartei vielen keineswegs als undemokratisch, sondern als Vertreterin ostdeutscher Interessen. Dass die Union dennoch bis 1998 die bestimmende politische Kraft in der Bundesrepublik blieb, lag nicht zuletzt daran, dass die Sozialdemokraten vor allem mit sich selbst beschäftigt waren.

In der zentralen strategischen Frage, ob man Koalitionen mit den Grünen anstreben sollte, blieben sie lange zerstritten. So verlockend neue Koalitionsoptionen links der Mitte waren, die Unberechenbarkeit der Grünen und deren Image als Anti-Parteien-Partei stießen viele in der SPD ab. Weder ihrem Übergangsvorsitzenden Hans-Jochen Vogel oder dem nordrhein-westfälischen Ministerpräsidenten Johannes Rau, der 1987 als Kanzlerkandidat gegen Kohl verlor, noch Rudolf Scharping, der 1994 dem CDU-Kanzler unterlag, gelang es, die Partei zu inspirieren, programmatisch zu erneuern oder für neue Wählergruppen zu öffnen. Am ehesten wurden derartige Aufbrüche dem Saarländer Oskar Lafontaine zugetraut. Er galt als größte politische Begabung der SPD in der Generation der «Enkel» Willy Brandts. Lafontaine positionierte sich jedoch als Kanzlerkandidat der SPD mit denkbar unglücklichem Timing ausgerechnet im Wiedervereinigungsjahr 1990 als Vertreter westdeutscher Besitzstandswahrung gegen die patriotischen Glücksgefühle seiner Landsleute in West und Ost. Damit geriet er in Gegensatz zu Willy Brandt, der ein besseres Gespür für die besonderen Herausforderungen jener Monate besaß, was dazu führte, dass die SPD «uneinig in die Einheit» (Daniel Friedrich Sturm) ging.

4. Die Deutschen und die Nation

Nicht nur die SPD hatte Probleme mit der nationalen Frage. Je weiter das Ende des Deutschen Reiches 1945 in die Vergangenheit rückte, desto komplizierter wurde das Verhältnis der Deutschen zur Nation. Der Orientierungsverlust, der mit den neuen

Gefährdungslagen und Bedrohungsgefühlen seit den 1970er Jahren verbunden war, förderte Bestrebungen der Identitätsverankerung in der Vergangenheit. Die Bewahrung des materiellen Erbes wurde wichtiger genommen. Denkmalschutz gewann an Bedeutung. Der Stuck an Gründerzeitfassaden wurde nicht mehr abgeschlagen, sondern wiederhergestellt. Altstadtquartiere riss man nicht mehr nieder, man sanierte sie. «Heimat» hatte Konjunktur. Besondere Aufmerksamkeit fand die Frage nach der nationalen Vergangenheit. Davon zeugten Ausstellungen wie die große Preußen-Schau im Berliner Martin-Gropius-Bau 1981 ebenso wie der Erfolg der von Wolf Jobst Siedler verlegten Reihe «Die Deutschen und ihre Nation», die während der 1980er Jahre in insgesamt zwölf Bänden erschien.

In einer gewissen Spannung zur Wiederentdeckung der Nation stand die historiographische Anerkennung der Bundesrepublik als ein Gemeinwesen mit eigener Geschichte. Fast zeitgleich mit der Siedler-Reihe, die bis ins frühe Mittelalter zurückreichte, erschien bei der Deutschen Verlags-Anstalt eine mehrbändige Geschichte der Bundesrepublik. Einige der renommiertesten Zeithistoriker des Landes entwickelten darin das Deutungsmuster einer westdeutschen Erfolgsgeschichte, das stilbildend wurde. Das Interesse der Autoren, die meist das «Dritte Reich» als Kinder oder junge Erwachsene noch erlebt hatten, galt der Stabilisierung der zweiten deutschen Republik in den 1950er Jahren; als Negativfolien dienten die Instabilität und Krisenanfälligkeit der Weimarer Republik und die auf Destruktion angelegte Dynamik der NS-Diktatur. Die Westdeutschen, von denen sich niemand unter 45 an das Leben in einem Nationalstaat erinnern konnte, verabschiedeten sich von der Vorstellung, die Bundesrepublik sei ein Provisorium. Sie richteten sich auf Dauer im geteilten Deutschland ein.

Zugleich warf der Nationalsozialismus immer längere Schatten über die öffentlichen Diskurse. Die NS-Vergangenheit bedeutete für die meisten Deutschen mittlerweile historische Verantwortung ohne individuelle Verstrickung. Das prägte die wissenschaftliche Auseinandersetzung ebenso wie das öffentliche Gedenken. Die Forschung beschäftigte sich intensiver mit der Vernichtung der europäischen Juden und erweiterte die Frage nach deutschen Tätern über den Führungszirkel in Partei und SS hinaus auf «ganz normale Männer» (Christopher Browning), die sich im Polizeiapparat oder bei der Wehrmacht an Gewaltexzessen und Mordtaten beteiligt hatten. Der Perspektivwechsel schlug sich auch in politischen Gedenkreden nieder. In einer Ansprache zum 40. Jahrestag des Kriegsendes am 8. Mai 1945 erinnerte Bundespräsident Richard von Weizsäcker an die verschiedenen Opfergruppen, die unter dem Nationalsozialismus gelitten hatten; die Täter ließ er allerdings im Ungefähren, indem er behauptete, die Ausführung der Verbrechen habe «in der Hand weniger» gelegen.

Die großen Hoffnungen, die Politik und Öffentlichkeit in jenen Jahren auf das Projekt eines europäischen Bundesstaates richteten, erklärten sich nicht zuletzt aus der Erwartung, über eine europäische Zukunft den düsteren Kapiteln deutscher Vergangenheit zu entkommen. Entsprechend verheißungsvoll erschien eine Abkehr vom Nationalen durch Integration in die Europäische Gemeinschaft. Die britische Premierministerin Margaret Thatcher bemerkte in ihren Erinnerungen, das Bedürfnis deutscher Politiker, ihr Nationalbewusstsein mit einer weiter gefassten europäischen Identität zu verschmelzen, sei zwar verständlich, doch stelle es die selbstbewussten Staaten Europas vor Probleme: «Weil die Deutschen eine Scheu davor haben, sich selbst zu regieren, versuchen sie ein europaweites System zu schaffen, in dem sich keine Nation mehr selbst regiert.» Das war boshaft formuliert, aber nicht ganz unzutreffend. Dennoch schwang beim deutschen Sonderbewusstsein zunehmend auch ein gewisses Avantgarde-Gefühl mit, als «postnationale Demokratie unter Nationalstaaten» (Karl Dietrich Bracher) für die erwartete Zukunft jenseits der Nationalstaaten besser gerüstet zu sein als andere Länder.

Helmut Kohl, der als promovierter Historiker ein Sensorium für die historischen Selbstverständigungsdebatten der Deutschen besaß, bemühte sich, die verschiedenen Stränge deutscher Vergangenheitsbezüge zusammenzubinden. Im Zentrum seiner Geschichtspolitik standen das Deutsche Historische Museum in

Berlin, das einer bis ins Mittelalter zurückreichenden Nationalgeschichte der Deutschen gewidmet werden sollte, und das
Haus der Geschichte in Bonn als Ort der musealen Selbstdar-
stellung der Bundesrepublik. Die Bedeutung der NS-Vergangenheit verkannte der Kanzler keineswegs. Er wollte sie aber nicht
als Fluchtpunkt deutscher Geschichte gelten lassen, sondern in
den größeren Rahmen einer Nationalgeschichte einordnen, die
auch positive Facetten besaß.

Nicht immer bewies er dabei Geschick. Im israelischen Parlament wies Kohl auf die «Gnade der späten Geburt» derjenigen
hin, die wie er zu jung waren, um im «Dritten Reich» persönliche Schuld auf sich geladen zu haben. Das wurde als Versuch
tumber Exkulpation kritisiert – auch weil die Knesset kein besonders geeigneter Ort für derartige Überlegungen war. Skandalisiert wurde auch die Einladung an US-Präsident Reagan, einen
Soldatenfriedhof in Bitburg zu besuchen, um dort gemeinsam
der Kriegstoten zu gedenken, so wie Kohl es im Jahr zuvor mit
dem französischen Präsidenten in Verdun getan hatte. Was in
Lothringen gelungen war, scheiterte in der Eifel. Denn der Erste
Weltkrieg war im deutschen Gedenken weniger heikel als der
Zweite, und unter den Bitburger Toten befanden sich Angehörige der Waffen-SS, was dem Kanzler den Vorwurf einbrachte,
er verwische die Grenze zwischen Opfern und Tätern.

Mit seiner mangelnden Trittsicherheit auf dem Geröllfeld der
deutschen Geschichte machte es der Kanzler seinen Kritikern
leicht, ihn und seine Parteigänger als Nationalisten und ge-
schichtspolitische Revisionisten zu karikieren. Seinen Höhepunkt erlebte der «Kulturkampf um die deutsche Geschichte»
(Andreas Wirsching) im Historikerstreit 1986. Ausgelöst wurde
die Kontroverse durch einen Artikel des Berliner Historikers
Ernst Nolte, der in der Aussage gipfelte, der «Klassenmord» der
Bolschewisten nach der Oktoberrevolution sei dem «Rassen-
mord» der Nationalsozialisten nicht nur zeitlich vorausgegan-
gen, sondern habe ihn auch (mit)bedingt. Diese These, mit der
Nolte in der Historikerzunft ziemlich allein dastand, nahm
Jürgen Habermas zum Anlass einer öffentlichen Generalabrech-
nung mit dem, was er als Großangriff des Konservatismus auf

die mühsam errungene Meinungsführerschaft linker Intellektueller empfand.

Wissenschaftlich war die vor allem im überregionalen Feuilleton ausgetragene Debatte, in der sich ein Großteil der deutschen Neuzeithistoriker hüben oder drüben positionierte, unergiebig. Publizistisch konnte sie von der Habermas-Seite als Punktsieg im Kampf um die kulturelle Hegemonie verbucht werden. In der verbreiteten Empörung über Kohls Geschichtspolitik ging freilich unter, dass der Kanzler in seiner operativen Deutschlandpolitik bis in den Herbst 1989 hinein äußerst defensiv agierte. Allenfalls in der Rhetorik, aber kaum in der Substanz wich er von der Linie der sozial-liberalen Vorgängerkoalition ab. Als SED-Generalsekretär Erich Honecker 1987 nach mehreren gescheiterten Anläufen Bonn besuchte, wurde er dort mit fast allen Ehren eines normalen Staatsbesuchs empfangen. Nicht die Vereinigung Deutschlands, sondern die europäische Einigung stand bis 1989 ganz oben auf Kohls Agenda. Darin spiegelte er die Prioritätensetzung eines Großteils seiner westdeutschen Landsleute wider, die sich einem übernationalen, selten präziser bestimmten europäischen Gemeinwesen mitunter näher fühlten als dem überkommenen Nationalstaatsgedanken.

Umso dringlicher stellte sich nach der unerwarteten Wiedervereinigung die Frage, in welchem Verhältnis Nation und Europa, nationale Interessen und europäische Integration, deutsche Traditionen und westliche Werte stehen sollten. Eine Neue Rechte stellte die Westbindung für das vereinigte Deutschland grundsätzlich in Frage, weil sie sich ideologisch überlebt habe. Nachhaltiger waren die Bedenken von atlantisch orientierten Wissenschaftlern, die mehr Verantwortungsbereitschaft und eine selbstverständlichere Wahrnehmung nationaler Interessen durch die Regierung eines nicht nur größer, sondern auch mächtiger gewordenen Landes einforderten. Der Bonner Politologe Hans-Peter Schwarz erklärte, das vereinigte Deutschland sei nun, ob es wolle oder nicht, die neue «Zentralmacht Europas». Der Berliner Zeithistoriker Arnulf Baring provozierte mit der Feststellung, die außenpolitische Lage des vereinigten Deutschlands habe mehr Ähnlichkeit mit der geopolitischen Situation des Bismarckreiches als mit den komfortablen internationalen Rahmenbedingungen der Bonner Republik. Der Soziologe Ralf Dahrendorf argumentierte, Europa tauge weder zur politisch global agierenden Supermacht noch als Heimat; man solle die zivilisierende Wirkung des Nationalstaats nicht zu gering achten. Durchgesetzt haben sich derartige Positionen in den 1990er Jahren nicht. Im intellektuellen Diskurs wie in der praktischen Politik blieb die forcierte Integration des vereinigten Deutschlands in europäische Strukturen weitgehend unangefochten.

V. Aufbruch in die Berliner Republik (1999–2008)

1. Von Bonn nach Berlin

Nachdem der Bundestag im Juni 1991 mit knapper Mehrheit beschlossen hatte, dass Berlin nicht nur Hauptstadt, sondern auch erster Sitz von Regierung und Parlament sein sollte, veränderte sich zunächst wenig, schließlich mussten die neuen Büroflächen und Sitzungsräume erst gebaut oder renoviert werden. Im Januar 1994 verlegte der Bundespräsident seinen Dienstsitz ins Schloss Bellevue; das Bundespräsidialamt zog im November 1998 nach. Die meisten anderen Ministerien und das Parlament folgten über den Sommer 1999, als der große Hauptstadtumzug über die Bühne ging. Der Bundesrat ließ sich mehr Zeit und nahm im Herbst 2000 im ehemaligen Preußischen Herrenhaus in der Leipziger Straße seinen Sitzungsbetrieb auf. Manches blieb wie 1949 anfangs Provisorium. Weil das Kanzleramt nicht rechtzeitig fertig war, bezog der Bundeskanzler zunächst die Amtsräume Erich Honeckers im alten Staatsratsgebäude der DDR; erst im Mai 2001 konnte er in das neue Kanzleramt am Spreebogen übersiedeln. Sechs Ministerien behielten ihren ersten Dienstsitz am Rhein.

Während die Franzosen ihre Republiken nummerieren (sie sind mittlerweile bei der fünften angelangt), hat sich in Deutschland die Verbindung mit Städtenamen durchgesetzt: Weimar – Bonn – Berlin. Allerdings gab es nach 1990 weder einen Verfassungswechsel noch eine neue Institutionenordnung in der Bundesrepublik. Kein neues Regierungssystem wurde etabliert. Auch die Eliten in Regierung, Wirtschaft und Verwaltung blieben weitgehend dieselben, sieht man einmal von den vergleichsweise wenigen Ostdeutschen ab, die hinzustießen. Entsprechend umstritten war anfangs die Rede von einer «Berliner Republik». Manche fürchteten, eine Bezugnahme auf die preußische Hauptstadt könne, zumal im Ausland, als Ausdruck von Geschichtsvergessenheit, nationaler Großmannssucht oder einer Abkehr vom westlichen Bündnis aufgefasst werden. Das bescheidene, vielleicht etwas biedere, aber nüchtern-verlässliche und betont unprätentiöse Politikverständnis der alten Bundesrepublik sollte an der Spree auf keinen Fall dem triumphalistischen und sprunghaften Auftreten eines geltungsbedürftigen Parvenüs geopfert werden.

Wer wie der Publizist Johannes Gross dennoch die «Begründung der Berliner Republik» (1995) verkündete, antizipierte einen schleichenden Wandel von Verfassungswirklichkeit, gesellschaftlichem Selbstverständnis und den Rahmenbedingungen politischen Handelns: eine Umgründung in Stufen, die in der Summe auf die allmähliche Transformation der Republik hinauslief. Die außenpolitische Lage der Deutschen hatte sich grundlegend verändert; ihr Gewicht in der internationalen, zumal der europäischen, Politik wuchs. Soziale und politische Konflikte trafen in einer zunehmend zerklüfteten Gesellschaft heftiger als zuvor aufeinander. Die Auswirkungen des generationellen Wandels in Medien und Verwaltung wurden durch den Umzug des Politikbetriebs vom Rhein an die Spree verstärkt, weil viele ältere Journalisten und Beamte aus persönlichen Gründen in Bonn blieben. Auch mit Blick auf die bauliche Verfassung der Republik, wie sie in der politischen Architektur von Regierungs- und Parlamentsbauten zum Ausdruck kam, war Berlin erkennbar anders als Bonn: Das riesenhafte Kanzleramt, das noch von Kohl in Auftrag gegeben worden war, hätte man sich am Rhein ebenso wenig vorstellen können wie die gläserne

Kuppel über dem Parlament als klassische architektonische Ausdrucksform von Hoheit und Macht.

Den Hauptstadtumzug flankierten Verschiebungen im kulturellen Koordinatensystem der Republik. Die Bedeutung der nationalsozialistischen Vergangenheit für das kollektive Gedächtnis der Deutschen, insbesondere die Erinnerung an die Shoah, nahm weiter zu. Augenfällig wurde dies in Gestalt des Denkmals für die ermordeten Juden Europas, das nach kontroversen Debatten im Mai 2005 in der historischen Mitte Berlins eingeweiht wurde. Es versinnbildlichte die Zentralität der NS-Verbrechen für das nationale Selbstverständnis der Deutschen. Als steingewordener Beleg für die unverrückbare Absicht der Nachgeborenen, aus der Geschichte zu lernen, hatte es fast sakralen Charakter. Mit dem Aussterben der Täter-Generation wurde die öffentliche Erinnerung an die NS-Verbrechen gleichsam Teil deutscher Staatsräson und wesentliches Element eines geschichtspolitischen Konsenses, der als Kitt einer heterogener werdenden Gesellschaft im Innern und als vorzeigbares Gesicht eines geläuterten Deutschlands nach außen dienen sollte.

Das Bemühen, deutsche Untaten aufzuarbeiten, etwa durch die Entschädigung von NS-Zwangsarbeitern, die 2000 von der Bundesregierung auf den Weg gebracht wurde, avancierte zum Leitbild für den Umgang mit den Schattenseiten nationaler Vergangenheit in anderen Ländern: von den ethnischen Säuberungen im ehemaligen Jugoslawien bis zum Völkermord an den Armeniern in der Türkei. Im Rahmen der Bemühungen, eine europäische Erinnerungskultur und einen gemeinsamen Wertekanon zu entwickeln, wurde die Täterschaft der zwischen 1939 und 1945 begangenen Gräueltaten nicht mehr allein im Rahmen national konnotierter «deutscher Schuld» thematisiert, sondern in Diskurse des Völkerrechts und internationalen Strafrechts eingebettet. Die deutsche Vergangenheit galt als Exempel für genozidale Tendenzen oder nationalistische Exzesse, die auch anderswo auf der Welt auftreten konnten. Mitunter sah sich ein selbstbewusster gewordenes Deutschland sogar in die Lage versetzt, andere Länder in ihre Schranken zu weisen, wenn diese gegen die Losung «Wehret den Anfängen!» verstießen. So erging es etwa den Österreichern Anfang 2000, als sie von den übrigen 14 Mitgliedsstaaten der EU an den Pranger gestellt wurden, weil die ÖVP eine Koalition mit der rechtsgerichteten FPÖ von Jörg Haider eingegangen war.

In dem Maße, in dem sich die deutsche Öffentlichkeit intensiver mit den Opfern deutscher Verbrechen identifizierte und die Holocaust-Erinnerung institutionalisiert wurde, wuchs das Bedürfnis, auch wieder stärker (wie in den 1950er Jahren) an das Leid der deutschen Bevölkerung zu erinnern. Der Historiker Jörg Friedrich erzielte mit seinem Buch über den alliierten Bombenkrieg einen Verkaufserfolg. Günter Grass («Im Krebsgang», 2002) und Walter Kempowski («Alles umsonst», 2006) beschäftigten sich literarisch mit Flucht und Vertreibung aus den ehemals deutschen Ostgebieten. Erika Steinbach (damals CDU) trieb als Vorsitzende des Bundes der Vertriebenen seit 2000 gemeinsam mit dem SPD-Politiker Peter Glotz den Aufbau eines Zentrums voran, das der 14 Millionen aus Ostmitteleuropa vertriebenen Deutschen gedenken sollte. Das Projekt stieß insbesondere in Polen auf heftigen Widerstand, weil man dort befürchtete, es könne zum Auftakt einer großangelegten Geschichtsrevision werden.

Auch die Auseinandersetzung mit der DDR war eng mit den Diskussionen über den Nationalsozialismus verwoben. Am Beispiel der Zulässigkeit eines Diktaturvergleichs zwischen «Drittem Reich» und DDR wurde der weltanschauliche Grundkonsens eines neuen Gemeinwesens verhandelt, in dem west- und ostdeutsche Traditionslinien zusammenliefen. Dem Antitotalitarismus der alten Bundesrepublik stand der verordnete Antifaschismus als Gründungsmythos der DDR gegenüber. Durch ihn war die Schuld an den NS-Verbrechen gleichsam in die Bundesrepublik ausgelagert worden; zugleich waren individuelle Erinnerungen an Krieg und Besatzungszeit, die sich (wie die Vertreibungen aus den Ostgebieten oder die massenhaften Vergewaltigungen durch die Rote Armee) nicht in das vorgegebene Schema fügten, gewaltsam unterdrückt oder zumindest politisch marginalisiert worden. Obwohl der Antifaschismus als Staatsdoktrin der DDR mit der Implosion des SED-Regimes verschwand, wirkte er über das Ende der kommunistischen Herrschaft hinaus. Er war sogar insofern auf dem Vormarsch, als in Westdeutschland im Zuge einer sich – auch generationell bedingt – intensivierenden Auseinandersetzung mit der NS-Vergangenheit der antifaschistische Teil des antitotalitären Konsenses gegenüber dem ursprünglich dominanten Antikommunismus ebenfalls stärker betont wurde. In der Folge wurden sowohl politisch als auch in der intellektuellen Debatte die Trennlinien rechts außen zunehmend schärfer gezogen als am linken Rand.

Ihren Ausdruck fanden derartige Verschiebungen im Streit um die Protestbewegung von 1968. Damit zielte die Bewältigung der Vergangenheit erstmals nicht nur auf das Erbe von Diktaturen, sondern auf die Bewertung eines Teils der deutschen Demokratiegeschichte. Im Kern ging es darum, ob die 68er das demokratische System der Bundesrepublik abgelehnt und bekämpft hatten, wie ihre Kritiker behaupteten, oder gestärkt, befruchtet, aktiviert hatten, so die Selbstsicht der Beteiligten. Wie in einem Brennglas bündelten sich diese Fragen in der Biographie eines grünen Spitzenpolitikers, der in den frühen 1970er Jahren zur Frankfurter Sponti-Szene gehört hatte und seit 1998 als Außenminister in der Regierung saß. Gegen den Vorwurf, Polizisten geprügelt und Steine geworfen zu haben, verteidigte sich Joschka Fischer mit einem Bekenntnis zur Gewaltlosigkeit. Sein Eingeständnis, damals Fehler begangen zu haben, kam aber derart augenzwinkernd daher (er sei «kein Lämmerschwänzchen» und auch kein «Oberministrant» gewesen), dass es nicht schwer war, daraus einen unbußfertigen Stolz herauszulesen.

Mit Blick auf das weltanschauliche Koordinatensystem der Berliner Republik war bemerkenswert, dass die Versuche, «1968» zu skandalisieren, im Sande verliefen. Es etablierte sich ein Geschichtsbild, das den Ausgangspunkt der deutschen Demokratieentwicklung weniger in der Ära Adenauer verortete als in der Ära Brandt. Diese Variante der bundesdeutschen Erfolgsgeschichte handelte nicht so sehr von der Stabilisierung des Staates, sondern von der Pluralisierung, Liberalisierung und Demokratisierung der Gesellschaft, von erweiterten Teilhabemöglichkeiten, vom Ausbau sozialer Sicherheit und dem Abbau hierarchischer Strukturen. Ihre Autoren entstammten oft selbst der Protestgeneration und waren eher auf der politischen Linken angesiedelt. Als Negativfolien dienten der Illiberalismus und Autoritarismus, die Obrigkeitsstaatlichkeit und die offene oder latente Demokratiefeindlichkeit der deutschen Gesellschaft in den ersten zwei Dritteln des 20. Jahrhunderts vom Wilhelminismus über die schwache erste Republik und den Nationalsozialismus bis hin zur vermeintlich restaurativen Adenauer-Ära. In dieser Perspektive erschien «1968» nicht als Gefährdung, sondern als Selbstbefreiung der deutschen Demokratie. Den Fluchtpunkt bildete das wiedervereinigte Deutschland des frühen 21. Jahrhunderts, das auf seinem «langen Weg nach Westen» (Heinrich August Winkler) als pluralistisch-demokratischer, sozialer, weltoffener, freiheitlicher National- und Rechtsstaat endlich zu sich selbst gefunden habe.

2. Machtwechsel

Die Vorstellung einer toleranten, wirtschaftlich leistungsfähigen, umweltbewussten, kulturell diversen und sozial gefestigten Republik aktiver Bürger, die ihre dunkle Vergangenheit mustergültig aufgearbeitet und endgültig überwunden hatte, bildete das normative Leit- und Selbstbild der Regierung, die im Herbst 1998 als Ergebnis des ersten wirklichen Machtwechsels in der bundesdeutschen Geschichte die Amtsgeschäfte übernahm. Bei den Kanzlerwechseln 1969 und 1982 war jeweils der kleinere Koalitionspartner der Vorgängerregierung im Amt geblieben (1969 die SPD, 1982 die FDP). 1998 wurden sowohl Union als auch Liberale abgewählt und durch Sozialdemokraten und Bündnis 90/Die Grünen ersetzt. Erstmals seit 1949 war wieder ein Bundeskabinett im Amt, in dem niemand über Regierungserfahrung auf Bundesebene verfügte. Entsprechend frisch, unverbraucht und tatendurstig, aber auch unerfahren und in manchem unbeholfen machte sich die neue Mannschaft unter Bundeskanzler Gerhard Schröder (SPD) und dem grünen Außenminister Fischer als Vize-Kanzler ans Werk.

Nach 16 Jahren der Kanzlerschaft Helmut Kohls, die von vielen am Ende als Zeit ideenlosen Stillstands empfunden worden war, verkörperte die rot-grüne Regierung Aufbruchsstimmung und einen politischen Stil, der spontaner, spritziger und zeitgemäßer wirkte. Während den bürgerlichen Parteien mit dem Ende des Kommunismus das zentrale Feindbild abhandengekommen war, hatte der Untergang der Sowjetunion die Sozialdemokratie von ideologischem Ballast befreit. Die «Neue Mitte», welche die SPD in Anlehnung an den «Dritten Weg» von *New Labour* in Großbritannien propagierte, reklamierte für sich, die Extreme der Vergangenheit – Kommunismus und Kapitalismus, Wohlfahrtsstaat und *Laissez faire* – hinter sich gelassen zu haben. Pragmatismus, Mäßigung und Toleranz wurden als neue Leitsterne entdeckt. Diese Umpositionierung gab einer zwischenzeitlich ideologisch entkräftet wirkenden Partei neuen Schwung und überzeugte die Mittelschichten davon, dass sie von den traditionellen Vertretern der Arbeiterklasse nichts zu befürchten hatten.

Der Kanzler personifizierte den Wandel. Die Tendenz zur weiteren Personalisierung der Politik und ein professioneller Umgang mit den Medien unterschieden Gerhard Schröder von seinem Amtsvorgänger. Wacher und findiger als der politische Gegner reagierte die SPD auf die Herausforderungen einer Zeit, in der traditionelle Milieus zerbröselten und die Bindekraft der Parteien schwand. Hatte Kohl den Parteienstaat verkörpert, so war Schröder der «Repräsentant der Mediendemokratie» (Hans Jörg Hennecke). Was brauche er anderes zum Regieren als «Bild, BamS und Glotze», wurde er zitiert. Die Lebensgeschichte, die Schröder zu erzählen hatte, war eindrucksvoll: Als Sohn einer Kriegerwitwe in ärmlichsten Verhältnissen aufgewachsen, hatte er das Abitur auf dem zweiten Bildungsweg in der Abendschule nachgeholt, Jura studiert, sich beruflich zum Sozius in einer Rechtsanwaltskanzlei und politisch erst zum Juso-Vorsitzenden, später zum Ministerpräsidenten von Niedersachsen hochgeboxt. Als Aufsteiger von ganz unten hatte Schröder keine Scheu, das Leben zu genießen, teure Zigarren zu rauchen, elegante Anzüge zu tragen und erkennbar werden zu lassen, dass die Kanzlerschaft nicht nur Verantwortung bedeutete, sondern auch Spaß machen durfte.

Das Label «Berliner Republik» diente als Ausweis einer lässigeren, weniger spießig-provinziellen, dafür urbaneren und weltläufigeren politischen Identität, verbunden mit dem Versprechen und der Erwartung, dass Regieren in Berlin moderner, aufregender und irgendwie authentischer sein werde als im Treibhaus am Rhein. Der Hype um Aufbruch und Neustart verdeckte freilich, dass Teile des Programms, mit dem die neue Regierung antrat, stärker den Geist der alten Bundesrepublik atmeten, als die Inszenierung glauben machte: das «Bündnis für Arbeit und Ausbildung» stand als arbeitsmarktpolitisches Zentralprojekt in der korporatistischen Tradition der Bonner Republik; der Atomausstieg war ein altes Herzensanliegen der Grünen, und mit der Revision von Änderungen bei der Lohnfortzahlung im Krankheitsfall und im Rentensystem drehte die neu ins Amt gekommene Regierung die wenigen Reformversuche zurück, welche die Vorgängeradministration auf den letzten Metern ins Werk gesetzt hatte. Der viel beklagte «Reformstau» der späten Ära Kohl war wenigstens in Teilen auch das Ergebnis einer geschickten Blockadepolitik, die Oskar Lafontaine, seit 1995 Parteichef der SPD, über den Bundesrat orchestriert hatte.

In mancher Hinsicht war Rot-Grün ein westdeutsches Generationenprojekt, das zehn Jahre zu spät kam. Es vereinte die im Gefolge der Studentenproteste um 1968 zur SPD Gestoßenen mit Grünen und Alternativen, die in den 1970er und 1980er Jahren in den Neuen Sozialen Bewegungen oder den versprengten K-Gruppen um die Themen Umwelt, Frieden, Feminismus und Menschenrechte politisch sozialisiert worden waren (ostdeutsche Sozialdemokraten oder Bürgerrechtler spielten nur am Rande eine Rolle). Nach einem langen Marsch durch die Institutionen hatte sich diese politische Generation Ende der 1980er Jahre an der Reihe gesehen, die Geschicke des Landes in ihre Hände zu nehmen. Durch die unverhoffte Wiedervereinigung und das Aufkommen der überwunden geglaubten nationalen Frage auf dem falschen Fuß erwischt, war der erwartete Wachwechsel 1990 ausgeblieben und durch Kohls neuen Nimbus als Kanzler der Einheit auf unbestimmte Zeit verschoben worden.

Entsprechend hoch war der Eifer aufgestaut, mit dem sich die neue Regierung an die aus ihrer Sicht überfällige gesellschaftspolitische Liberalisierung und ökologische Umstrukturierung des Landes machte. Das Staatsbürgerschaftsrecht sollte der Realität einer ethnisch heterogener gewordenen Gesellschaft angepasst werden. Zur Stärkung der Rechte von Homosexuellen wurde die eingetragene Lebenspartnerschaft als Vorstufe zur gleichgeschlechtlichen Ehe eingeführt. Ganztagsschulen sollten ausgebaut werden, um Müttern die Betreuung der Kinder abzunehmen und ihnen mehr Zeit für die Erwerbstätigkeit zu geben. Die Grünen trieben eine ökologische Steuerreform voran, die zwar weniger weit ging als manche gehofft hatten, aber doch ein neues Prinzip ins deutsche Steuerrecht einführte. Der Umweltminister begann mit dem Einstieg in den Ausstieg aus der Atomenergie. Das Landwirtschaftsressort wandelte sich in ein Verbraucherschutzministerium und vertrat nicht mehr in erster Linie die Belange der agrarischen Produzenten, sondern gab im Zweifel Konsumenteninteressen und dem Umweltschutz den Vorrang.

Die Opposition hatte dem anfangs wenig entgegenzusetzen. Die CDU wurde von einer Parteispendenaffäre überrollt, die nicht nur ihren Ehrenvorsitzenden Helmut Kohl diskreditierte, sondern auch dessen Nachfolger an der Parteispitze, Fraktionschef Wolfgang Schäuble, in den politischen Abgrund riss. Kohl hatte, wie sich herausstellte, über Jahre außerhalb der Legalität ein System schwarzer Kassen gepflegt, auf die er für den Aufbau der finanzschwachen CDU-Landesverbände in Ostdeutschland ebenso zurückgreifen konnte wie zur Unterstützung von einzelnen christdemokratischen Politikern, die ihm am Herzen lagen. Kohl weigerte sich, die Namen der Großspender preiszugeben, von denen Teile des Geldes stammten. Mit der Begründung, er habe diesen sein Wort gegeben, dass sie anonym bleiben würden, stellte er sein persönliches Ehrgefühl über den Rechtsstaat. Damit ließ er seiner Partei praktisch nur die Wahl, sich entweder von ihrem ehemaligen Parteichef weiter dominieren zu lassen oder förmlich mit ihm zu brechen. Schäuble war als Vertrauter und langjähriger Mitarbeiter zu eng mit dem Altkanzler verbunden, als dass er den offenen Bruch politisch hätte überleben können. Da er wenigstens am Rande selbst in zweifelhafte finanzielle Machenschaften involviert gewesen und auf diese Weise erpressbar geworden war, wurde der Druck aus Partei und Fraktion zu groß. Obwohl er sich öffentlich von Kohl lossagte, musste er im Februar 2000 als Parteivorsitzender und Fraktionschef zurücktreten.

3. Die Bundesrepublik im Krieg

Wie ein Leitmotiv durchzog die Idee einer «Normalisierung» Deutschlands die politische Rhetorik und Praxis der rot-grünen Regierung. Nach ihrem Willen und mit Zustimmung großer Teile der Bevölkerung sollte das Land endlich ein europäischer Nationalstaat wie jeder andere werden. Es habe nach fünfzigjähriger demokratischer Erfolgsgeschichte Anspruch darauf, von den Partnern im Ausland als gleichwertiges Mitglied der internationalen Gemeinschaft anerkannt und nicht länger wegen seiner nationalsozialistischen Vergangenheit misstrauisch beäugt zu werden. Im Gegenzug war die Regierung willens, neuartige Verpflichtungen auf sich zu nehmen. Sie bemühte sich nicht nur um einen ständigen Sitz im Sicherheitsrat der Vereinten Nationen. Sie war – trotz heftiger innerparteilicher Proteste in der SPD und vor allem bei den Grünen – sogar bereit, 1999 deutsche Truppen zur Friedenssicherung auf den Balkan zu entsenden und zwei Jahre später in Afghanistan eine tragende Rolle im Krieg und vor allem beim Wiederaufbau zu übernehmen. Dem amerikanischen Irak-Krieg 2003 verweigerte sie sich mit der Begründung, Washingtons Argumente rechtfertigten keinen militärischen Angriff auf das Regime von Saddam Hussein.

Die Metaphern, mit denen diese Entwicklung umschrieben wurde, variierten. Manchmal war die Rede davon, die Bundesrepublik sei «erwachsen» geworden, zu groß für die Kinderschuhe der Bonner Republik. Der friktionslos vollzogene Machtwechsel vom Herbst 1998 erschien vor diesem Hintergrund als eine Art bestandene demokratische Reifeprüfung. Den Umzug vom Rhein an die Spree konnte man als Auszug aus dem Elternhaus behüteter Halbsouveränität unter dem Schutz und der Aufsicht der Alliierten verstehen, als Aufbruch in eine verlockende, aber auch ein wenig bedrohliche Unabhängigkeit. Schröders «Nein» zum Krieg im Irak wurde als notwendiger Schritt im Abnabelungsprozess von den Vereinigten Staaten gedeutet. Und das verstärkte Werben um einen Sitz im UN-Sicherheitsrat konnte als Bemühen um einen weiteren Nachweis der erreichten Mündigkeit verstanden werden. Wem derartige sprachliche Anleihen aus der Entwicklungspsychologie suspekt waren, der erklärte, Deutschland sei nach langen Umwegen und zahllosen Irrungen endlich in der Normalität westlicher Nationalstaaten «angekommen».

Die Wirklichkeit war komplizierter. Sie war weder durch die Metapher von der «Ankunft im Westen» noch durch die Rede vom Erwachsenwerden der Bundesrepublik zu erklären. In dem Dutzend Jahre von 1999 bis 2011 sahen sich die rot-grüne Regierung und ihre Nachfolgerinnen mit einer Kette militärischer Interventionen konfrontiert, die in Europa oder in dessen näherem strategischen Umfeld stattfanden und zu denen sie sich verhalten mussten. An den Kriegen 1999 im Kosovo und 2001 in Afghanistan beteiligte sich die Bundesregierung. Den amerikanischen Angriff auf den Irak 2003 verurteilte sie hingegen. Bei der Abstimmung im UN-Sicherheitsrat über den internationalen Militäreinsatz in Libyen (unter einer Regierung aus CDU/CSU und FDP) enthielt sie sich 2011 mit der Begründung, dass Deutschland keine Truppen entsenden werde.

Um die Reaktionen der Bundesregierung zu erklären, genügt es nicht, auf die unterschiedlich gelagerte völkerrechtliche Legitimation der verschiedenen Militäreinsätze zu verweisen. Der Kosovokrieg fand ohne UN-Mandat unter amerikanischer Führung statt, es lag nicht einmal ein Bündnisfall für die NATO vor, weil kein Mitgliedsland angegriffen worden war. Beim Krieg in Afghanistan war das anders. Die USA waren durch den Anschlag auf die Twin Towers in New York am 11. September

2001 von Terroristen attackiert worden, denen das Taliban-Regime Zuflucht gewährte. Zwar sanktionierten die UN den Einsatz im Nachhinein, indem sie eine internationale Schutztruppe (ISAF) unter Führung der NATO schufen, an der auch die Bundeswehr beteiligt war. Aber Kanzler Schröder hatte den Amerikanern schon Monate zuvor die «uneingeschränkte Solidarität» Deutschlands zugesichert. Umgekehrt machte er Anfang 2003 unmissverständlich klar, dass er sich dem «Abenteuer» eines amerikanischen Angriffskriegs auf den Irak verweigern werde, ganz gleich ob es ein UN-Mandat gebe oder nicht (wozu es dann – nicht zuletzt wegen der Positionierung der Bundesrepublik – auch nicht kam).

Bündnispolitische Überlegungen, die beim Afghanistan-Krieg entscheidend gewesen waren, wurden im Falle des Irak von dem Gefühl überlagert, von den Amerikanern durch ungesicherte Informationen über angebliche Massenvernichtungswaffen Saddam Husseins hinters Licht geführt zu werden. Den Argumenten eines humanitären Interventionismus zum Schutz der Kosovo-Albaner vor ethnischen Säuberungen durch Serben, die Bill Clinton 1999 vorgebracht hatte, konnte die Regierung Schröder-Fischer folgen. Die neokonservativen Ideen eines demokratischen *nation building* und einer großangelegten Transformation des gesamten Nahen Ostens und der arabischen Welt, wie sie im Umkreis der Bush-Administration dominant wurden, überzeugten sie nicht. Zudem gewann man in Berlin den Eindruck, die Amerikaner wüssten zwar, wie man in den Irak hinein-, aber nicht wie man wieder herauskomme: «I am not convinced», schleuderte Fischer dem US-Verteidigungsminister Donald Rumsfeld auf der Münchener Sicherheitskonferenz im Februar 2003 entgegen.

Mit ihrer vorzeitigen Festlegung gegen eine deutsche Beteiligung am Irak-Krieg nahm die rot-grüne Regierung in Kauf, das Verhältnis zu den USA zu beschädigen und mit drei wichtigen Traditionen deutscher Außenpolitik nach 1945 zu brechen: Bisher hatte sich die Bundesrepublik immer für ein multilaterales Vorgehen im Rahmen des westlichen Bündnisses stark gemacht; sie hatte, falls nötig, im transatlantischen Bündnis zwischen

Washington und Paris vermittelt und sich stets um den Zusammenhalt des europäischen Verbundes gesorgt. 2003 hingegen legte sich die Bundesregierung früh unilateral fest. Sie opponierte entschiedener gegen die USA als Frankreich und fand sich am Ende als Juniorpartner in einer neogaullistischen Allianz mit Paris gegen Washington wieder. Zudem trug die deutsche Positionierung zur Spaltung Europas in Befürworter und Gegner der amerikanischen Politik bei: die Ostmitteleuropäer sowie Großbritannien und Spanien auf der einen, Deutschland und Frankreich im Verbund mit Moskau auf der anderen Seite. Der Irak-Krieg machte insofern Schule, als sich auch die folgenden Bundesregierungen bei internationalen Krisen (etwa 2011 in Libyen) weniger selbstverständlich als zuvor im Konvoi des westlichen Bündnisses bewegten.

Parteipolitische Konstellationen waren bei der Umorientierung der deutschen Außenpolitik zwischen 2001 und 2003 wichtiger als strategische Überlegungen. Denn wieso Deutschland «auch am Hindukusch» zu verteidigen war, wie Verteidigungsminister Peter Struck formulierte, aber nicht an Euphrat und Tigris, leuchtete geopolitisch kaum unmittelbar ein. Entscheidend war, dass es in der SPD und mehr noch bei den Grünen starke antimilitaristische Strömungen und beträchtliche Vorbehalte gegenüber Amerika gab. Schröder und Fischer hatten mit ihrer Bereitschaft zur Teilnahme an den Kriegen im Kosovo und in Afghanistan den Fortbestand ihrer Koalition und das eigene politische Überleben riskiert. Der Außenminister war wegen seiner Kosovo-Politik auf dem Bielefelder Parteitag der Grünen im Mai 1999 mit Farbbeuteln beworfen worden; der Kanzler hatte sich im November 2001 genötigt gesehen, die Zustimmung seiner Koalition zum Afghanistan-Krieg durch eine Vertrauensfrage im Bundestag zu erzwingen.

Nach Kosovo und Afghanistan hatten Schröder und Fischer ihr politisches Kapital für deutsche Kriegsbeteiligungen aufgebraucht. Es war zu bezweifeln, dass sie in ihren eher pazifistisch gestimmten Parteien noch einmal Zustimmung zu einer militärischen Intervention erwirken konnten – noch dazu auf derart fragwürdiger Grundlage wie im Fall des Irak-Konflikts. Schröder zog aus dieser Einsicht die Konsequenz, politisch in die Offensive zu gehen und sein «Nein» zum Irak-Krieg als Waffe im Bundestagswahlkampf gegen die Union unter ihrem Spitzenkandidaten, dem bayerischen Ministerpräsidenten Edmund Stoiber, zu wenden. In Auftritten, die von anti-amerikanischen Untertönen nicht frei waren, propagierte er im Sommer 2002 einen «deutschen Weg» in der Außenpolitik, der auf Verhandlungen statt Gewalt setzte, und hatte Erfolg. Rot-Grün gewann die Wahl, nachdem die Koalitionsparteien in den Umfragen lange Zeit zurückgelegen hatten, mit hauchdünnem Vorsprung. Am Ende konnte die SPD bundesweit wenige tausend Stimmen mehr auf sich vereinigen als die Union (beide lagen bei 38,5 %), die Grünen erzielten 8,6 %, die FDP 7,4 %.

Die positive Resonanz, die Schröder mit seinem «Nein» zum Krieg erzielte, deutet auf tiefer liegende Ursachen für die deutsche Abkehr von einer Politik kriegerischer Interventionen, zumal die Nachfolgeregierungen auch unter einer christdemokratischen Kanzlerin an dem Kurs militärischer Enthaltsamkeit festhielten. Nach dem Ende des Kalten Krieges schwand nicht nur ein zentraler Grund für das strategische Interesse der USA an Deutschland und Europa, sondern auch ein wesentliches Motiv für die Deutschen, die amerikanische Vorherrschaft zu akzeptieren, ja zu begrüßen. Während man in der Bundesrepublik die Fortexistenz des militärischen Schutzschirms durch die USA als selbstverständlich voraussetzte, wuchs der Anti-Amerikanismus, der in der DDR als Staatsdoktrin omnipräsent gewesen und auch in Westdeutschland in unterschiedlichem (teils rechtem, teils linkem) Gewand latent vorhanden geblieben war. Der Zusammenhalt der NATO erodierte. Auf beiden Seiten des Atlantiks wuchsen Desinteresse und Verständnislosigkeit.

Die Geschichte spielte ebenfalls eine Rolle. Fragen von Krieg und Frieden bedurften in der Bundesrepublik einer besonders starken moralischen und historischen Grundierung, weil sowohl die Verheerungen durch den Zweiten Weltkrieg als auch die deutschen Verbrechen einen prominenten Platz im kollektiven Gedächtnis hatten. Nicht zufällig begründete Fischer die Beteiligung am Kosovo-Krieg mit der Verantwortung für den

Massenmord der Nationalsozialisten. Aus der Losung «Nie wieder Krieg» wurde die Parole «Nie wieder Auschwitz». Zwischen 1999 und 2003 verschoben sich die Parameter der Debatte. Ausländische Beobachter bemerkten, wie sich viele Deutsche mit Blick auf den Irak nicht mehr (nur) als Erben der Täter sahen, sondern sich auch an die Leiden der Kriegsopfer, gerade der Opfer von Luftangriffen und Bombenkrieg, erinnerten. Briten und Franzosen mochten bei den Kriegen im Nahen Osten und Nordafrika an die *small wars of empire* denken. Die Deutschen dachten an «Auschwitz und Dresden» (Hans Kundnani). Aufgrund dieser fortbestehenden Besonderheiten erwies es sich als voreilig, von einer «Normalisierung» deutscher Außenpolitik zu sprechen. Schröder und Fischer verfolgten keine «erwachsenere» Politik als Adenauer, Brandt oder Kohl; sie agierten schlicht unter anderen internationalen und innenpolitischen Bedingungen. Dazu trug nicht zuletzt die Tatsache bei, dass sich der «Westen» als Handlungsrahmen just in dem Moment auflöste, als die Deutschen glaubten, dort angekommen zu sein.

4. Abschied vom «Modell Deutschland»

Obwohl die rot-grüne Regierung für ihre Positionierung gegen den Irak-Krieg breite Zustimmung erhielt und sich bei dem Hochwasser, das im Sommer 2002 weite Gebiete im Osten Deutschlands überflutete, als Krisenmanagerin beweisen konnte, gewann sie die Wahl 2002 nur knapp. Das hatte vor allem mit den schwachen Wachstumsraten der deutschen Wirtschaft und der hohen Arbeitslosigkeit zu tun, die sich von konjunkturellen Schwankungen löste und zum dauerhaften Massenphänomen auswuchs. Die Debatte über strukturelle Ursachen der Probleme am «Standort Deutschland» reichte bis in die 1980er Jahre zurück. Sie kreiste um einen im internationalen Schnitt reich ausgestatteten Sozialstaat, relativ hohe Unternehmenssteuern und einen vergleichsweise dicht regulierten Arbeitsmarkt. Nach 1990 kamen die finanziellen Belastungen der deutschen Einheit hinzu, die teils durch direkte Transferzahlungen, hauptsächlich aber über die Sozialsysteme gedeckt wurden.

Seit 1999 übte der hohe Wechselkurs, zu dem die D-Mark in die gemeinsame europäische Währung eingetreten war, zusätzlichen Druck aus, weil er Exporte verteuerte. Ein Aufschwung, der vor allem durch Neugründungen in der Digitalindustrie befeuert wurde, erwies sich als Spekulationsblase. Die sogenannte Deutschland AG, in der sich nationale Industrieunternehmen, Banken und Versicherungen verflochten, schirmte diese Unternehmen von den globalen Kapitalmärkten ab; in einer Zeit expandierender internationaler Finanzmärkte galt sie damit nicht mehr «als Stabilitätsanker, sondern als Modernisierungsbremse» (Werner Plumpe).

Am Anfang des neuen Jahrtausends wurde die Bundesrepublik im Inland wie im Ausland als «kranker Mann Europas» betrachtet. In der rot-grünen Regierung war man sich anfangs uneins, wie der Malaise beizukommen war. Parteichef Lafontaine, der auch Finanzminister war, vertrat eine keynesianische Politik staatlicher Investitionen (vor allem in Bildung und Infrastruktur) zur Ankurbelung der Binnennachfrage. Die Korrektur der arbeits- und sozialpolitischen Reformen der Vorgängerregierung (von der Beschränkung des Kündigungsschutzes bis zur Abschaffung des Schlechtwettergeldes), mit der Rot-Grün 1998 antrat, ging maßgeblich auf ihn zurück. Auf internationaler Ebene trat Lafontaine nicht nur für eine Harmonisierung von Steuern in der EU ein (was de facto auf Steuererhöhungen in anderen Ländern hinauslaufen sollte); er übte auch Druck auf die EZB aus, die Zinsen zu senken, um die Konjunktur zu beleben. Mit dieser weit gespannten Agenda überhob sich der Politiker. Sowohl innerhalb der Bundesregierung als auch in der internationalen Finanzwelt weitgehend isoliert, trat er im März 1999 überraschend von allen Ämtern zurück.

Nachdem Lafontaine als Parteichef durch Kanzler Schröder und im Finanzministerium durch Hans Eichel ersetzt worden war, gewannen in SPD und Bundesregierung diejenigen die Oberhand, die nicht auf Eindämmung, sondern auf Nutzbarmachung der Marktkräfte setzten. Im Unterschied zu Bill Clintons *New Democrats* in den USA und *New Labour* unter Tony Blair in Großbritannien konnte Rot-Grün in Deutschland bei der Wende zum Markt kaum auf Vorarbeiten zurückgreifen, weil unter Kohls Kanzlerschaft marktradikale Reformen, wie sie unter Thatcher auf den britischen Inseln oder unter Reagan in den USA stattgefunden hatten, weitgehend ausgeblieben waren. Entsprechend unvorbereitet sah sich die SPD mit dem Deregulierungsprogramm der eigenen Regierung konfrontiert.

Eine brachiale Wende wie unter Thatcher wäre in der bundesdeutschen Verhandlungsdemokratie mit ihren zahlreichen Vetospielern kaum denkbar gewesen. Tiefergehende Strukturreformen wurden im konsensgeprägten System der Bundesrepublik erst möglich, als Ende der 1990er Jahre auch die SPD politische Grenzverschiebungen hin zu «mehr Markt» vornahm und sich unter dem Improvisationstalent Gerhard Schröders als marktfreundliche Partei neu zu erfinden versuchte. Der Prozess der wirtschafts- und sozialpolitischen Fundamentalliberalisierung setzte nicht erst 2002 ein. Schon in ihrer ersten Amtszeit stellte die rot-grüne Regierung erste Weichen um: etwa durch Einbau privater Finanzierungselemente in das Rentensystem und eine Steuerreform, die den Spitzensteuersatz ebenso senkte wie die Körperschaftssteuer für Unternehmen. Gewinne aus der Veräußerung von Anteilen an Kapitalgesellschaften wurden steuerfrei; dadurch begünstigte der Fiskus die Auflösung jener Schachtelbeteiligungen, die ein Charakteristikum der «Deutschland AG» gewesen waren, und erleichterte den internationalen Kapitalmärkten die Beteiligung an deutschen Unternehmen.

Die Veränderungen der ersten Amtszeit erzielten jedoch weder die gewünschten Effekte am Arbeitsmarkt noch beschleunigten sie das Wachstum. Nach dem Zerplatzen der Dotcom-Blase erreichte die Zahl der Arbeitslosen an der Jahreswende 2002/03 die Rekordmarke von 4,8 Millionen. Das Bruttoinlandsprodukt sank um 0,2%. Das Haushaltsdefizit lag mit 3,9% weit über dem, was innerhalb der Europäischen Währungsgemeinschaft eigentlich gestattet war. Im Kanzleramt hielt man die Stimmung im Lande für derart schlecht und die Aussicht auf Besserung innerhalb der etablierten Parameter für so gering, dass sich Schröder und seine Berater um Kanzleramtschef Frank-Walter Steinmeier zur Flucht nach vorn entschieden. In der ersten Jahreshälfte 2003 wurde innerhalb weniger Monate das tiefgreifendste Umgestaltungsprogramm in der Geschichte der Bundesrepublik aus dem Boden gestampft. Das Maßnahmenbündel, das unter der Sammelbezeichnung «Agenda 2010» firmierte, brachte einen Gezeitenwechsel in der Sozial- und Arbeitsmarktpolitik. Es bedeutete den Abschied von der Vorstellung, das «Modell Deutschland» mit seiner spezifischen Verbindung sozialstaatlicher, tarifpartnerschaftlicher und korporatistischer Elemente tauge als Leitbild für die Zukunft.

Im Zentrum der Agenda standen Reformen, die darauf zielten, mehr Menschen rascher aus der Arbeitslosigkeit in reguläre Beschäftigungsverhältnisse zu bringen. Zu diesem Zweck wurde die Bezugsdauer des Arbeitslosengeldes gekürzt: von 32 auf 12 Monate (bzw. bei über 55-Jährigen 18 Monate). Arbeitslosen- und Sozialhilfe wurden zum sogenannten Arbeitslosengeld II zusammengeführt und auf die Höhe der bisherigen Sozialhilfe festgesetzt. Hinzu kamen Lockerungen beim Kündigungsschutz, Öffnungen im Tarifrecht, die Aufhebung des Meisterzwangs für zahlreiche Handwerke und erweiterte Möglichkeiten zu Tätigkeiten in Altersteilzeit. Geringfügige Beschäftigungsverhältnisse (sogenannte Mini-Jobs) förderte die Regierung ebenso wie Kleinunternehmungen, die von einem Arbeitslosen gegründet wurden (Ich-AGs). Die Bundesanstalt für Arbeit sollte in ein modernes Dienstleistungsunternehmen mit einem Netz leistungsfähiger Job-Center umgewandelt und der Leiharbeitssektor ausgeweitet werden.

Die Forderungen der Christdemokraten gingen über die Vorstellungen der Regierung hinaus. Auf ihrem Leipziger Parteitag im Herbst 2003 plädierten sie dafür, die Beiträge zur gesetzlichen Krankenversicherung vom Gehalt zu entkoppeln und den Arbeitgeberanteil zu senken. Die Pflegeversicherung sollte auf ein Kapitaldeckungsverfahren umgestellt werden. Den Kündigungsschutz wollte die Union stärker lockern, Leih- und Teilzeitarbeit noch flexibler gestalten, das Steuerrecht vereinfachen. Als nach der Wahl 2005 eine große Koalition aus Union und SPD gebildet wurde, führte die neue Bundeskanzlerin Angela

Merkel die Reformpolitik zunächst fort; in Abstimmung mit dem sozialdemokratischen Vize-Kanzler, Arbeits- und Sozialminister Franz Müntefering setzte sie eine schrittweise Heraufsetzung des Renteneintrittsalters auf 67 Jahre durch, die als Abschluss der Agenda-Politik gelten kann.

Wirtschaftlich war Schröders Entscheidung für drastische Arbeitsmarkt- und Sozialreformen ein Erfolg. Die Einschnitte in den Wohlfahrtsstaat und die Flexibilisierung des deutschen Arbeitsmarkts waren mitentscheidend für die Verbesserung der Wettbewerbsfähigkeit, die Erhöhung der Produktivität und den Rückgang der Arbeitslosigkeit, die ab etwa 2005 sichtbar wurden. Innerhalb weniger Jahre verwandelte sich der «kranke Mann Europas» wieder in die Wirtschaftslokomotive des Kontinents. Der deutsche Sozialstaat wurde durch die Agenda 2010 keineswegs geschleift, wie Kritiker erklärten, sondern an veränderte Bedingungen angepasst, um ihn im Kern zu erhalten; immer noch gehört die Bundesrepublik zu den Ländern mit den am breitesten ausgebauten sozialen Sicherungssystemen weltweit.

Aus einer politischen Perspektive betrachtet, setzte Kanzler Schröder die Geschicke des Landes vor die Interessen seiner Partei. Denn die Klientel der Sozialdemokraten trug die Hauptlast des Anpassungsdrucks. Deutsche Arbeitnehmer mussten bei gleichem, zum Teil sinkendem Realeinkommen länger arbeiten, während in anderen Ländern der EU die Löhne stiegen. In den neuen Bundesländern war der Unmut besonders groß, weil hier nur wenige Jahre nach der brachialen Umstellung in den 1990er Jahren die nächste Veränderungswelle über eine Bevölkerung hereinbrach, die bereits unter einem «Schock der Vermarktlichung» (Steffen Mau) litt. 15 Jahre nach dem Zusammenbruch der DDR versammelten sich auf den Straßen und Plätzen Ostdeutschlands wieder Zehntausende zu Montagsdemonstrationen. Mit der Ausweitung des Niedriglohnsektors griffen Existenzsorgen und Abstiegsängste aber auch im Westen um sich – und zwar oft gerade bei jenen, die klassischerweise SPD gewählt hatten. Die Gewerkschaften entfremdeten sich von der Sozialdemokratie. Der PDS, die bis dahin im Wesentlichen eine Partei des Ostens geblieben war, gelang es durch die Fusion mit erbosten Gewerkschaftern, verbitterten Sozialdemokraten und westdeutschen Altlinken, auch in den alten Bundesländern Fuß zu fassen. Als Spitzenkandidaten des neuen Bündnisses, das 2007 unter dem Namen Die Linke förmlich als Partei zusammenfand, trat bei der Bundestagswahl 2005 neben dem Ostdeutschen Gregor Gysi der ehemalige SPD-Vorsitzende Lafontaine an.

VI. Globalisierung und ihre Grenzen (2008–2021)

1. Ein Aufschwung des Missmuts

In den Jahren zwischen 2007 und 2009 wurde die Welt von der heftigsten Krise des Finanzsystems seit dem Börsencrash 1929 erschüttert. In mancher Hinsicht war der Abgrund, in den die Finanzwelt blickte, noch tiefer und erschreckender als in der Zwischenkriegszeit: Niemals zuvor waren derart viele Großbanken weltweit fast gleichzeitig an den Rand des Zusammenbruchs geraten, so dass zwischenzeitlich die Nervenbahnen der globalen Kapitalströme und Finanzdienstleistungen vollständig funktionsunfähig zu werden drohten. Rasch griff die Kreditklemme auf die sogenannte Realwirtschaft über. Zwischen 2008 und 2009 sank das Bruttoinlandsprodukt der entwickelten Staaten um 3,4%. In Deutschland geriet zunächst die Mittelstandsbank IKB in Schieflage, später weitere Institute wie die Münchener Hypo Real Estate bis hin zur zweitgrößten Geschäftsbank, der Commerzbank. Besonders stark involviert waren die unter Staatsaufsicht stehenden Landesbanken, die Bankgeschäfte für einzelne Bundesländer ausführen. Ab dem zweiten Quartal 2008 sanken in Deutschland die Exporte, vor allem im Maschinenbau und in der Automobilindustrie, um mehr als ein Drittel. Das Bruttoinlandsprodukt ging um 5,6% zurück – der schwerste wirtschaftliche Schock seit Gründung der Bundesrepublik.

Ihren Ausgang nahm die Krise auf dem amerikanischen Immobilienmarkt, doch handelte es sich keineswegs nur um ein Problem des amerikanischen – oder angelsächsischen – Kapitalismus, das lediglich nach Europa exportiert wurde. Vielmehr zeigte sich seit 2007, wie engmaschig die internationalen Finanzmärkte mittlerweile miteinander verflochten waren. Neben amerikanischen profitierten auch europäische Banken, wie die Deutsche Bank, von Geschäften mit sogenannten Subprime-Krediten. Diese gestatteten amerikanischen Käufern ohne Vermögen oder ausreichendes Einkommen den hypothekengestützten Erwerb eines Eigenheims, wobei die entstehenden Risiken in hochkomplexen Finanzprodukten versteckt wurden. Ein derartiges Geschäftsgebaren wurde durch die Digitalisierung des Bankgeschäfts technisch erleichtert. Politisch ermöglicht wurde es, weil spätestens seit der Jahrtausendwende die Regierungen auf beiden Seiten des Atlantiks in einer Art Überbietungswettbewerb um bessere Geschäftsbedingungen für ihre Finanzinstitute die Kreditwirtschaft radikal dereguliert hatten. Seither konnte das globale Kapital, das nicht nur durch die Petrodollars aus dem arabischen Raum, sondern auch durch die gewachsenen Sparguthaben in den älter gewordenen Gesellschaften des Westens angeschwollen war, auf der Suche nach möglichst günstigen Anlagechancen weitgehend frei flottieren. Wie ein Tanker, aus dem man die trennenden Schotten entfernt hatte, wurde die globale Finanzwirtschaft anfälliger für hohen Seegang. Als die Immobilienpreise in den USA zu fallen begannen, brach der Sturm los.

Dass Deutschland besser durch die Weltfinanzkrise kam als andere Länder, hatte mehrere Gründe. Zum einen war die Finanzdienstleistungsbranche im Verhältnis zu den Fertigungsindustrien nicht so übergewichtig wie etwa in Großbritannien mit dem dominierenden Finanzplatz der City of London oder in Irland, das einen in Relation zur restlichen Volkswirtschaft überdimensionierten Finanzsektor als Brückenkopf amerikanischer Unternehmen in der Eurozone aufgebaut hatte. Die deutschen Banken profitierten davon, dass die amerikanische Notenbank gigantische Summen in das System pumpte, um die globalen Fi-

nanzmärkte wieder flüssig zu machen und die Vormachtstellung
des Dollar und der Wall Street zu sichern. Die deutschen Ex-
portindustrien, vor allem die Automobilbranche und der Maschinenbau, partizipierten zudem überproportional an den gewaltigen Ausgabenprogrammen, mit deren Hilfe der chinesische
Staatskapitalismus durch die Krise steuerte. Im Vergleich dazu
nahmen sich die Rettungspakete der Bundesregierung eher be-
scheiden aus; sie waren jedoch passgenau auf die Bedürfnisse
der deutschen Volkswirtschaft zugeschnitten, indem sie über die
sogenannte Abwrackprämie zum Kauf privater Pkw anregten
oder mit Hilfe des Kurzarbeitergeldes die dringend benötigten
Facharbeiter über den Wirtschaftseinbruch hinweg in den Unternehmen hielten. Hilfreich war auch, dass die Arbeitsmarktre-
formen der rot-grünen Regierung allmählich griffen und der
Euro mittlerweile als Exportsubvention wirkte, weil er schwä-
cher war, als es eine nationale deutsche Währung zu diesem
Zeitpunkt gewesen wäre. Im Zusammenspiel dieser Faktoren
erfreute sich die Bundesrepublik für ein knappes Jahrzehnt bis
2018 eines wirtschaftlichen Aufschwungs mit hohen Export-
überschüssen, einer niedrigen Arbeitslosenquote und ordent-
lichen Wachstumsraten, die bei extrem niedrigen Zinsen sogar
eine Konsolidierung des Staatshaushaltes gestatteten.

Anders als in früheren Hochphasen der ökonomischen Entwicklung in den 1950er und 1960er oder späten 1980er Jahren
wurde der Exportboom der 2010er Jahre nicht von einer gesellschaftlichen Aufbruchsstimmung begleitet. Im Gegenteil, die
Atmosphäre war von einer Melange aus gereizter Verdrossen-
heit, unterdrückter Wut und latenten Verlustängsten geprägt.
Die Weltfinanzkrise erschütterte das Vertrauen in den Markt,
das in Ostdeutschland ohnehin schwach verwurzelt war. Sie
lenkte die Aufmerksamkeit auf die Schattenseiten einer eng vernetzten Weltwirtschaft mit transkontinentalen Wertschöpfungs-
ketten und eines internationalen Finanzsystems, in dem Banken
mit Riesensummen aus Steuergeldern gerettet wurden und Manager exorbitante Bonuszahlungen kassierten, während Arbeit-
nehmergehälter nur langsam stiegen und die Mittelschichten
sich unter zunehmendem Druck sahen. Zunehmend setzte sich

der Eindruck fest, dass die Ära der Globalisierung keineswegs ein neues post-ideologisches Zeitalter jenseits von Kommunismus und Kapitalismus eingeläutet hatte, sondern dass die Rede von der Globalisierung selbst ideologie- und interessengeleitet war, um dem rasanten Wandel seit 1990 Sinn zu verleihen und bestimmte Veränderungen zu befördern bzw. andere zu verhindern.

Aus den publizistischen und soziologischen Selbstbeschreibungen der deutschen Gesellschaft verschwand der Optimismus. An seine Stelle traten besorgte Bestandsaufnahmen einer «Gesellschaft des radikalisierten Individualismus» (Andreas Reckwitz), die Abstiegsängste breiter Bevölkerungskreise angesichts einer sich rasant verändernden Umwelt konstatierten. Der neoliberale Kahlschlag der zurückliegenden Jahre, so lautete eine verbreitete Diagnose, habe die innergesellschaftlichen Bindekräfte geschwächt und einen Egoismus der gesellschaftlichen Mitte entstehen lassen, der allergisch auf Veränderungen jeder Art reagiere. «Wutbürger» avancierte zum Wort des Jahres 2010. Die teilweise gewaltsamen Proteste gegen den aufwendigen Umbau des Stuttgarter Hauptbahnhofes im Herbst desselben Jahres erschienen als Menetekel, weil sie weniger von jugendlichen Randalierern als von wohlgesetzten, älteren Bürgern ausgingen. Im Verlauf der 2010er Jahre änderten sich auch die Untertöne, die bei der Rede von der «Berliner Republik» mitschwangen: Die Hauptstadt wurde stärker pejorativ aufgeladen und als Lebens- und Wirkungsstätte eines *juste milieu* in Politik und Medien begriffen, das sich vom Alltag normaler Bürger immer stärker entkoppelte.

Parallel dazu radikalisierten sich die politischen Ränder. Die Demonstrationen und Zeltlager der von den USA ausgehenden Occupy-Bewegung, die in Reaktion auf die Finanzkrise gegen Spekulationsgewinne und soziale Ungleichheit aufbegehrte, verliefen in Deutschland im Herbst 2011 weitgehend friedlich – anders als die antikapitalistischen Proteste gegen den G20-Gipfel im Sommer 2017 in Hamburg oder die wiederholten Ausschreitungen im Leipziger Stadtteil Connewitz, bei denen linksautonome Gruppen Barrikaden bauten, Polizisten angriffen und ganze Straßenzüge demolierten. Auf der anderen Seite des ideologischen Spektrums motivierten Rassismus und Fremdenhass zu rechtsradikalen Protestaktionen und Gewalttaten. Schon Anfang der 1990er Jahre hatte es fremdenfeindliche Übergriffe und pogromartige Ausschreitungen gegeben – nicht nur in Ostdeutschland (1991 im sächsischen Hoyerswerda, 1992 in Rostock-Lichtenhagen), sondern mit den Mordanschlägen von Mölln (1992) und Solingen (1993) auch im Westen. In der Folgezeit verhärtete sich die rechtsradikale Szene zum größten gewaltbereiten Milieu in der Bundesrepublik, aus dessen Gravitationsfeld zahlreiche Mordanschläge verübt wurden.

2013 begann vor dem Münchener Oberlandesgericht ein Prozess gegen die Rechtsterroristin Beate Zschäpe. Sie war die einzige Überlebende eines Trios, das als Nationalsozialistischer Untergrund (NSU) zwischen 2000 und 2011 Raubüberfälle, Sprengstoff- und Mordanschläge verübt und eine Polizistin sowie neun weitere Menschen ermordet hatte. Zwar war das direkte Unterstützerumfeld des NSU mit schätzungsweise 200 Personen (darunter diverse V-Leute des Verfassungsschutzes) relativ klein. Aber mit Parolen gegen Zuwanderung vor allem aus der arabisch-islamischen Welt waren breitere Bevölkerungskreise zu mobilisieren, wie sich bei den Demonstrationszügen der sogenannten Patriotischen Europäer gegen die Islamisierung des Abendlandes (Pegida) zeigte, die in den Jahren 2014 und 2015 viele tausend Menschen auf die Straße brachten. Dass der Protest gegen Überfremdung in den ostdeutschen Bundesländern besonders lauten Widerhall fand, war teils ein Erbe der DDR, die sehr viel traditioneller «deutsch» geblieben war als die Bundesrepublik. Teils erklärte sich die Aversion aber auch aus den Ablehnungsreaktionen einer Bevölkerung, die im Vierteljahrhundert zuvor tiefgreifende Umwälzungen ihrer Lebensumstände durchgemacht hatte und nun weitere Veränderungen fürchtete.

Eine Welle islamistischer Gewalttaten verstärkte die Abwehrreflexe, insbesondere nachdem auch in der Bundesrepublik Menschen, vermeintlich im Namen Allahs, ermordet wurden: die meisten am 19. Dezember 2016, als der Tunesier Anis Amri einen Sattelschlepper auf dem Weihnachtsmarkt an der Berliner Gedächtniskirche in die Besuchermenge lenkte und elf Menschen tötete sowie 67 weitere zum Teil schwer verletzte. Wie Amri waren viele Attentäter orientierungslose, mitunter traumatisierte junge Männer, häufig aus dem Drogen- und Kriminellenmilieu, nicht selten als Flüchtlinge zugewandert, die in der islamistischen Ideologie einen Lebenssinn und die Legitimation zur Ausübung ungehemmter Gewalt fanden.

Die Probleme einer als zunehmend polarisiert, prekär und gewalttätig empfundenen Gegenwart wirkten sich auf die Deutung der Vergangenheit aus. Als düsteres Gegenstück zur optimistischen Erfolgshistorie wurde die emotionale Belastungsgeschichte einer «Republik der Angst» (Frank Biess) thematisiert. Die vermeintlichen Parallelen zu «Weimarer Verhältnissen» im Zuge gesellschaftlicher Polarisierungsprozesse weckten Interesse am Schicksal der ersten deutschen Republik. Zugleich zielte eine erneuerte Kapitalismuskritik von rechts und links auf die soziale Marktwirtschaft als Kernelement der (west)deutschen Meistererzählung nach 1945, indem sie deren Fähigkeit in Zweifel zog, für sozialen Ausgleich und gesellschaftlichen Zusammenhalt zu sorgen. Eine feministische Geschichtsschreibung prangerte patriarchalische Strukturen im Familien- und Wirtschaftsleben, aber auch im Kulturbetrieb an. Migration und Zuwanderung nach Deutschland erschienen gegenüber der eurozentrischen bzw. atlantischen Perspektive des Kalten Krieges unterbelichtet; Forderungen nach Aufarbeitung der deutschen Kolonialgeschichte wurden lauter. Schließlich kam drei Jahrzehnte nach dem Ende der deutschen Teilung die Ost-West-Spaltung des Landes mit neuer Vehemenz auf die Tagesordnung, als ostdeutsche Historiker und Soziologen der mittleren Generation ihre eigene Lebensgeschichte (und die ihrer Eltern) in die größeren Kontexte sozialer Deklassierung und entwerteter Lebensmodelle der untergegangenen DDR diesseits und jenseits der Epochenschwelle von 1990 einzuordnen begannen.

2. Die Krise(n) Europas

Die sich in einer derartigen Fragmentierung der geschichtlichen Deutungsangebote widerspiegelnde Orientierungslosigkeit wog besonders schwer, weil parallel dazu die europäische Meistererzählung ebenfalls in die Krise geriet. Seit Mitte der Nullerjahre verfestigte sich der Eindruck, dass der Prozess der europäischen Integration weniger geradlinig und kontinuierlich verlief, als man in der Bundesrepublik gemeinhin geglaubt hatte. Aus der Währungsunion war keine Politische Union erwachsen, wie Kohl und Genscher sie erträumt hatten. Der Verfassungskonvent, der von Februar 2002 bis Juli 2003 unter dem Vorsitz des früheren französischen Staatspräsidenten Valéry Giscard d'Estaing tagte, brachte nicht den Durchbruch zu einer europäischen Verfassung, wie sie Joschka Fischer in seiner Rede an der Berliner Humboldt-Universität im Mai 2000 vorgeschwebt hatte, weil die französischen und niederländischen Wähler das Vertragswerk in zwei Volksabstimmungen im Frühjahr 2005 ablehnten. Der Vertrag von Lissabon, zu dem sich die Mitgliedsländer 2007 zusammenrauften, griff zwar auf Versatzstücke des Verfassungsvertrags zurück, markierte aber auch den Abschied von bundesstaatlichen Fernzielen. Damit ging die Erkenntnis einher, dass die intergouvernementale Zusammenarbeit zwischen den Nationalstaaten die Politik in der EU auch weiterhin wesentlich mitbestimmen würde.

In der Weltfinanzkrise 2008/09 war diese Tatsache insofern entscheidend, als die europäischen Regierungen sich schwerer taten als die USA, schnell und geschlossen zu reagieren. Die Mitgliedsstaaten hatten sich in den ersten Jahren der Währungsunion unterschiedlich entwickelt. Länder mit zuvor eher schwachen Währungen profitierten von niedrigeren Zinsen, aber nicht alle nutzten die verringerten Zinslasten zum Abbau der Staatsverschuldung, so dass mit Beginn der weltwirtschaftlichen Rezession und deren Folgekosten die Defizite explodierten. In Deutschland hingegen hatte die rot-grüne Regierung Arbeitsmarkt und Sozialstaat reformiert, während die nachfolgende große Koalition ihr Rettungspaket mit einer Schuldenbremse für die öffentlichen Haushalte kombinierte, um möglichst rasch zu einer soliden Ausgabenpolitik zurückzukehren. Anders als erhofft, glichen sich die Wirtschaftsmodelle in der Eurozone einander nicht an. Im Gegenteil: Wettbewerbsfähigkeit und Zukunftsaussichten der verschiedenen Mitgliedstaaten der Währungsunion drifteten immer weiter auseinander.

Die Malaise des Euro war auch deswegen so hartnäckig, weil aufgrund unterschiedlich vorgeprägter nationaler Denkweisen weder über die Ursachen der Probleme noch über mögliche Auswege und wünschenswerte Zukunftsszenarien Einigkeit zu erzielen war. Die föderale Tradition Deutschlands sah ein verbindliches Regelwerk als Rahmen der Konfliktaustragung in einem heterogenen Gemeinwesen vor. Frankreichs zentralstaatliches Erbe präferierte hingegen die Flexibilität und Handlungsfähigkeit einer starken Exekutive im Dienste des Allgemeinwohls. Für die ordoliberale Schule der deutschen Volkswirtschaftslehre war der Grundsatz der Haftung wichtig. In der französischen Denkweise blieb die revolutionäre Parole der Solidarität der Starken für die Schwachen bestimmend. Französische Ökonomen interpretierten die Schulden von Banken oder Staaten eher als vorübergehende Liquiditätsprobleme, die durch Interventionen des Staates überwunden werden konnten. Ihre deutschen Kollegen tendierten dazu, die Solvenz der betreffenden Institute oder Länder in Frage zu stellen. Daraus ergaben sich in Krisensituationen gegensätzliche Handlungsempfehlungen: im deutschen Fall für Sparmaßnahmen, um grundlegende Verhaltensänderungen zu bewirken; die französische Seite plädierte gegen scharfe Einschnitte, die Liquiditätsschwierigkeiten verschlimmern und tatsächliche Insolvenzen erst herbeiführen würden. Auch anglo-amerikanische Ökonomen schenkten Haftungsfragen weniger Aufmerksamkeit und forderten in Krisenlagen das tatkräftige Eingreifen des Staates. Sie lagen damit in wichtigen Streitfragen der Eurokrise näher bei der französischen als bei der deutschen Position.

Infolge dieser Unterschiede konnte man sich innerhalb der Eurozone weder auf Regularien für das temporäre Ausscheiden insolventer Staaten einigen noch gelang es, die Währungsunion durch eine Fiskal- oder Bankenunion zu flankieren. In Ermangelung einer konsens- und handlungsfähigen Institutionenordnung zog sich die Staatsschuldenkrise so lange hin, bis sie mit einer weiteren existenziellen Herausforderung für die EU zusammenfloss: einer großen Fluchtbewegung aus dem Krisenbogen von Kabul bis Casablanca. Die staatlichen und gesellschaftlichen Zerfallsprozesse in dieser Großregion wurzelten teils in weit zurückreichenden Modernisierungskrisen und konfessionellen Spannungen, teils waren sie Ergebnis der von den USA seit 2001 geführten Kriege in Afghanistan und im Irak, teils auch Resultate der von Amerikanern und Europäern erst ermutigten und später sich selbst überlassenen «Arabellionen» seit 2010, etwa in Libyen, Ägypten und Syrien. Hinzu kamen Migranten aus den Armutszonen des subsaharischen Afrika, die von Schleusern in großer Zahl an die südliche Mittelmeerküste und von dort in kaum seetüchtigen Booten nach Europa gelotst werden konnten, weil sich in Teilen des Maghreb die staatliche Ordnung aufgelöst hatte.

Deutschland stand als wichtigstes Zielland der Flüchtlingstrecks, die über den Balkan und durch Italien nach Norden zogen, im Mittelpunkt der großen Migrationskrise von 2015 und 2016. Dass die Migranten besonders oft die Bundesrepublik ansteuerten (allein 2015 waren es je nach Zählung zwischen 900000 und 1,2 Millionen), hatte mehrere Gründe. Einmal gab es hier – anders als etwa in den meisten ostmitteleuropäischen Ländern – bereits größere Diasporagemeinschaften der verschiedenen Nationalitäten, wo die Neuankömmlinge Anschluss finden konnten. Zudem versprach der relativ gut ausgebaute deutsche Sozialstaat eine bessere materielle Versorgung als anderswo. Schließlich wirkte die im Herbst und Winter 2015 von der deutschen Gesellschaft und Politik mit der Kanzlerin an der Spitze praktizierte «Willkommenskultur» anziehend, mit der den Migranten eine herzliche Aufnahme bedeutet (und vielfach auch bereitet) wurde.

Zwischen 2015 und 2018 nahm die Bundesrepublik mehr Flüchtlinge auf als jedes andere Land der EU – Griechenland und Italien eingeschlossen, wo die Migranten in aller Regel erstmals europäischen Boden betraten und nach den geltenden Bestimmungen eigentlich hätten bleiben müssen. Denn die Mitgliedsstaaten des Schengen-Raums waren 1990 in Dublin übereingekommen, dass Asylanträge dort zu beantragen waren, wo ein Bewerber in die grenzkontrollfreie Zone einreiste. Das Problem der großen Aufnahmebereitschaft der Bundesrepublik bestand darin, dass sie von keinem anderen Mitgliedsland der Europäischen Union geteilt wurde. Indem die Bundesregierung im September 2015 einseitig und ohne Absprache die Dublin-Regeln außer Kraft setzte, um Flüchtlinge aufzunehmen, die über andere Schengen-Länder nach Deutschland kamen, isolierte sie sich in der EU. Ihre Versuche, politischen Druck auf die anderen Staaten auszuüben, um die Flüchtlinge nach bestimmten Quoten über alle Länder zu verteilen, führten zu tiefgreifenden Verwerfungen. Letztlich stießen in der Flüchtlingskrise – ähnlich wie in der Eurokrise – unterschiedlich geprägte nationale Sichtweisen aufeinander: In der Bundesrepublik galt Migration als Frage der Moral, während in anderen Ländern enger definierten nationalen Interessen Vorrang eingeräumt wurde.

Zu den wichtigsten Kollateralschäden der Flüchtlingskrise zählte der Austritt Großbritanniens aus der EU. Zwar hatte der Brexit weiter zurückreichende Ursachen in der britischen Innenpolitik, zumal in der zunehmend euroskeptischen Entwicklung der Konservativen Partei. Dennoch spielte das Migrationsthema eine zentrale Rolle im Referendumswahlkampf, der im Frühjahr und Sommer 2016 vor dem Hintergrund der Flüchtlingskrise ausgefochten wurde. Die enormen Schwierigkeiten, die sich die EU in der Flüchtlingsfrage selbst bereitete, wurden auf den britischen Inseln genau registriert. Die Austrittsbefürworter gewannen den Eindruck, dass einige Länder die Kontrolle über die Sicherung ihrer und damit auch der europäischen Grenzen verloren hatten. Insbesondere die deutsche Willkommenskultur kam aus der Sicht vieler Briten einer politischen Kapitulationserklärung gleich. Das böse Wort von der Bundesrepublik als verrückt gewordenem «hippie state» (Anthony Glees) machte ebenso die Runde wie der Vorwurf der «Tugendprotzerei», die letztlich unmoralisch sei, weil sie Menschen in großer Zahl nach Europa locke, die dort nicht angemessen aufgenommen werden könnten.

Welchen Anteil die Flüchtlingsthematik an dem knappen Ausgang des Referendums (52:48%) genau hatte, wird nie zu klären sein. Die Auswirkungen des Brexit auf die EU hingegen waren enorm. Auch wenn der Austritt nicht, wie zunächst von einigen befürchtet, Schule machte und andere Länder animierte, die Union ebenfalls zu verlassen, brachte er doch Dynamik und Statik des europäischen Einigungsprozesses aus dem Lot. Die EU verlor den Nimbus positiver Unausweichlichkeit. Sie wurde zu einem Club, in den man nicht nur eintreten, sondern aus dem man auch austreten konnte. Außerdem verschoben sich die Gewichte im EU-Ministerrat. Die Balance zwischen eher ordnungspolitisch-liberal ausgerichteten Ländern um Deutschland und Großbritannien und stärker protektionistisch-interventionistisch orientierten Staaten ging verloren. Die EU tat einen großen Schritt hin zur Reduktion auf einen wirtschaftlich und fiskalisch festgezurrten, engeren Euroraum mit süd- und westeuropäischer Schlagseite. Die Rolle des Wächters über Haushaltsdisziplin und Ausgabenbegrenzung, die bis dahin vor allem die Briten eingenommen hatten, übernahm eine Gruppe kleinerer Staaten um Österreich, die Niederlande, Dänemark, Schweden und Finnland, der allerdings die wirtschaftliche und politische Schlagkraft Großbritanniens fehlte. Für die deutsche Stellung in der EU hatte der Brexit paradoxe Konsequenzen: Auf der einen Seite wurde das Gewicht der Bundesrepublik in einer kleineren EU relativ größer. Auf der anderen Seite wuchsen die Sorgen vor einer deutschen Vorherrschaft. Nicht zufällig wurden seit 2010 die Stimmen derer lauter, die vor einer neuen deutschen Hegemonie in Europa warnten.

3. Die Methode Merkel

In der deutschen Innenpolitik setzte sich in den eineinhalb Jahrzehnten nach dem Ende der rot-grünen Koalition die Tradition christdemokratischer Kanzlerschaft fort, welche die Geschichte der Bundesrepublik über weite Strecken geprägt hat: von 1949 bis 2021 standen in 52 von 72 Jahren Christdemokraten an der Spitze der Bundesregierung. Bei oberflächlicher Betrachtung war die Verlängerung der Dominanz von CDU und CSU ins 21. Jahrhundert ebenso unwahrscheinlich wie die Person Angela Merkels als langjährige Parteichefin und Bundeskanzlerin. Das katholische Milieu als wahlpolitisches Fundament der Union war mit nachlassender Kirchenbindung schon seit längerem in Auflösung begriffen. Traditionelle und christliche Werte erfreuten sich keiner großen Beliebtheit mehr. Auch im Bündnis mit der FDP war die Union nur noch in Ausnahmefällen mehrheitsfähig. Das Parteiensystem, das sich nach der Wiedervereinigung fragmentiert hatte, war nach links gerutscht. Adenauer hatte in den 1950er Jahren die Auswahl zwischen mehreren Koalitionspartnern rechts der Mitte. Die neue Situation nach der Etablierung erst der Grünen und später der Linkspartei begünstigte hingegen Koalitionsbildungen links der Mitte. Als nach 2013 mit der Alternative für Deutschland (AfD) eine neue Kraft rechts der Union auftauchte, änderte sich die Konstellation nicht grundlegend, weil die AfD weder von den anderen Parteien als Koalitionspartnerin akzeptiert wurde noch selbst willens war, Regierungsverantwortung zu übernehmen.

Ähnlich schwer begreiflich wie die christdemokratische Dominanz unter derart widrigen Bedingungen erscheint auf den ersten Blick der Weg Angela Merkels an die Spitze zunächst der CDU und dann der Bundesregierung, die sie über mehr als eineinhalb Dekaden prägte. Als Frau aus dem strukturschwachen Nordosten der DDR, die erst im Alter von 35 Jahren durch die Wiedervereinigung aus einer akademischen Laufbahn in die Politik gekommen war, fehlte ihr vieles, was man gemeinhin für eine politische Karriere als notwendig erachtete: Hausmacht und Netzwerke in der Partei, Verankerung in einem starken Landesverband, langjährige Eingewöhnung in die Regeln eines professionalisierten Politikbetriebs, Gespür für die weltanschaulichen Grundüberzeugungen des eigenen politischen Lagers, die Befähigung zur mitreißenden öffentlichen Rede oder zum kämpferischen Wahlkampfauftritt. Merkel kompensierte diese Leerstellen durch einen scharfen Blick für die Schwächen der Konkurrenz, ihre Befähigung zur nüchternen Berechnung der eigenen Aussichten und den Sinn für das richtige Timing, wann ein riskanter Vorstoß Erfolg versprach. Ihr unprätentiöses, zurückgenommenes Auftreten hob sich in den Augen vieler Deutscher wohltuend vom selbstgefällig auftrumpfenden Gebaren ihrer beiden Vorgänger im Kanzleramt ab. Sachorientierung und persönliche Bescheidenheit wurden zu ihren Markenzeichen.

Merkel profitierte bei ihrem Aufstieg von dem Umstand, dass die CDU wegen der Parteispendenaffäre 1999 tief in die Krise geraten war und auf längere Zeit in der Opposition festzustecken drohte. In einer solchen Situation erschien der fehlende Stallgeruch weniger wichtig als die Chance eines unbelasteten Neuanfangs, für den sie stand. Ihre Schwungkraft bezog sie zunächst nicht so sehr aus dem, was sie durchsetzen wollte, sondern wovon sie die CDU zu befreien versprach: dem *ancien régime* ihres diskreditierten Vorvorgängers Helmut Kohl. In einem kühn kalkulierten Akt der Illoyalität rückte sie als Generalsekretärin Ende Dezember 1999 in einem Zeitungsartikel von Kohl ab und düpierte dessen Nachfolger Wolfgang Schäuble, der als langjähriger Vertrauter des Altkanzlers zu einer ähnlichen Distanzierung nicht in der Lage war. Dieser Schritt, der Merkel den Weg an die Parteispitze ebnete, war umso bemerkenswerter, als die Politikerin lange Zeit als «Kohls Mädchen» gegolten und sich von ihrem politischen Ziehvater viel abgeschaut hatte: nicht zuletzt die Kunst einer moderierenden Führung, die warten kann, sich lange nicht festlegt und erst entscheidet, wenn klar ist, wie die Mehrheitsverhältnisse in Partei, Regierung und Öffentlichkeit beschaffen sind.

In der Rückschau fallen freilich die Unterschiede zwischen Kohl und Merkel mindestens so sehr ins Gewicht wie die Gemeinsamkeiten. Kohl hatte sich seiner Partei mit einem Gefühl fast stammesmäßiger Zugehörigkeit verpflichtet gefühlt. Die politische Welt bestand für ihn aus zwei Lagern: den Christdemokraten und Liberalen auf der einen und den Linken auf der anderen Seite. Merkel pflegte ein instrumentelleres Verhältnis zur CDU, politisches Lagerdenken war ihr fremd. Für sie gab es nicht Freunde und Gegner, sondern nur mögliche (und einige wenige unmögliche) Koalitionspartner. Das erweiterte ihre Handlungsoptionen in einem sich auffächernden Parteienspektrum. 1976 hatten Kohl 48,6% der Stimmen nicht genügt, um Kanzler zu werden. Bei Kohls knappstem Wahlsieg (1994) hatten CDU und CSU mit 41,4% fast dasselbe Ergebnis erreicht wie Merkel bei ihrem größten Erfolg 2013 (41,5%). Bei den anderen Wahlen seit 2005 lag die Union näher bei 30 als bei 40%. Dass sie dennoch durchgängig die Kanzlerin stellte, war nicht zuletzt darin begründet, dass die politische Linke nach Schröders Agenda 2010 innerlich gespalten war. In dieser Situation stellte die Union als letzte verbliebene Volkspartei so lange die Regierungschefin, wie sie einen (oder mehrere) Koalitionspartner fand und sich kein Bündnis gegen sie zusammenschloss.

2005, 2013 und 2017 ging die Union unter Merkel Koalitionen mit der SPD ein, in denen sozialdemokratische Anliegen die Agenda bestimmten: in der Sozial- und Familienpolitik, beim Mindestlohn, bei der teilweisen Rücknahme einzelner Elemente der Schröder-Reformen (etwa beim Arbeitslosengeld I) und bei der Rente mit 63 statt 67. Diese Linksverschiebung der Unionspolitik zahlte sich für die Kanzlerin auf vielfache Weise aus: Sie erlaubte in Wahlkämpfen eine Strategie, bei der dem politischen Gegner die Reibungsflächen genommen wurden, um die eigenen Anhänger zu motivieren. Merkel hatte meist eine gute Presse, weil der linksliberale Teil der Medien ihre Politik mochte und der konservativ-liberale Rest nur ungern eine christdemokratische Regierungschefin kritisierte. Zudem profitierte in Umfragen und bei Bundestagswahlen nicht die SPD, sondern die Kanzlerinpartei von den sozialdemokratischen Errungenschaften der Koalition.

Schließlich eröffnete die Sozialdemokratisierung der CDU-Politik in dem nach links verschobenen Parteienspektrum erweiterte Koalitionsmöglichkeiten. Die Union wurde unter Merkel – über die klassische Kombination mit der FDP hinaus – akzeptabel für die Grünen. Es gehört zu den Ironien von Merkels Kanzlerschaft, dass in ihrem Koalitionsportfolio am Ende ausgerechnet das Bündnis mit den Grünen fehlte, das inhaltlich wie habituell am besten zu ihr gepasst hätte: 2013 scheiterte es am Widerstand des linken Flügels der Grünen, 2017 an der FDP, die als Mehrheitsbeschafferin in einer Dreier-Koalition gebraucht wurde, aber befürchtete, dabei politisch unter die Räder zu geraten. Schon zuvor war Merkels Verhältnis zu den Liberalen nicht spannungsfrei gewesen. Während die Großen Koalitionen vergleichsweise gut funktionierten, gab es im Bündnis mit der FDP nach 2009 Reibereien. Die Gereiztheit resultierte nicht zuletzt daraus, dass die Liberalen kaum noch wie das kleine Anhängsel der Union wirkten, sondern mit 14,6% fast halb so groß wie die Union geworden waren. Schon deswegen musste Merkel daran gelegen sein, die FDP zurückzustutzen. Zudem war der Yuppie-Typus freidemokratischer Jungpolitiker, der unter dem FDP-Vorsitzenden Guido Westerwelle den Ton angab, der aus einem protestantischen Pfarrhaus stammenden Kanzlerin fremder geblieben als die Weltsicht und das Lebensgefühl der Grünen; schließlich stammte deren ostdeutsches Personal zumeist aus dem Bündnis 90 und somit aus der DDR-Bürgerrechtsbewegung, in der Ende 1989 auch Merkels Anfänge gelegen hatten.

Die Kanzlerin perfektionierte einen Ansatz, mit dem schon Gerhard Schröder in der rot-grünen Koalition operiert hatte, um die Politikblockaden der deutschen Konsensdemokratie auszuhebeln: Man verwirklichte Projekte, die eher der politischen Gegenseite zuzuordnen waren, und nahm das eigene Lager gleichsam in Geiselhaft. Die Opposition machte mit, weil realisiert wurde, was ihr am Herzen lag, und die eigenen Leute fügten sich, entweder weil sie ihre Führung nicht demontieren wollten oder weil ihnen Regierungserfolge wichtiger waren als programmatische Konsistenz. Das hatte für Schröder beim Militäreinsatz im Kosovo ebenso funktioniert wie beim Durchpeitschen der Agenda 2010. Merkel gelang es in der Familienpolitik, bei der Aussetzung der Wehrpflicht, bei der Energiewende und auch in der Flüchtlingskrise. Dabei konnte man den Eindruck gewinnen, dass die konkreten Inhalte für die Kanzlerin weniger wichtig waren als die taktischen Implikationen und der Blick auf die Umfragewerte: Wie Kohl die Parteien- und Schröder die Mediendemokratie verkörperten, personifizierte Merkel das Regieren im Kielwasser der Demoskopie.

Programmatische Ungebundenheit und taktische Beweglichkeit halfen der Kanzlerin, ihr Land durch die gewaltigen Turbulenzen zu steuern, die ihre Amtszeit bestimmten. Ihr Name ist nicht mit einer großen Errungenschaft verbunden, wie Adenauer mit der Westbindung, Brandt mit der Ostpolitik, Kohl mit deutscher Einheit und europäischer Integration oder Schröder mit der Agenda 2010. Stattdessen musste sie mit dem Crash des Weltfinanzsystems, der europäischen Staatsschuldenmisere und den Flüchtlingsströmen fertig werden, und es gelang ihr, deren Wirkungen auf Deutschland abzufedern. Mit ihrem rationalen, auf konkrete Problemlösungen ausgerichteten Politikverständnis trat sie eher in die Fußstapfen eines Krisenmanagers wie Helmut Schmidt, wobei sie durch ihren auf Konsensstiftung bedachten, kooperations- und kompromissbereiten Stil eine eigene Marke prägte, die sich von der demonstrativen Arroganz des Hanseaten unterschied. Im Ergebnis war die Bundesrepublik in Merkels Regierungszeit, als Länder wie Großbritannien, Frankreich und vor allem die USA von ihren politischen Eliten und einer aufgepeitschten Öffentlichkeit in heftige Konvulsionen gestürzt wurden, ein Muster an Stabilität und Verlässlichkeit.

Die Achillesferse der Merkel-Methode war die programmatische Entkernung der eigenen Partei und die dauerhafte Frustration vieler Angehöriger der christdemokratischen Kernklientel, nicht zuletzt bürgerlicher Konservativer. Die politische Wette, die Merkel einging, bestand darin, dass diesen Gruppen nichts anderes übrig blieb, als der Union die Stange zu halten, weil sich jenseits von CDU und CSU der Abgrund des Rechtsextremismus auftat. Allerdings wurde nach den Regeln der politischen Geometrie der rechte Rand umso breiter, je weiter die Union nach links rückte. Auf diese Weise gerieten immer mehr Themen ins Abseits, die einstmals zum Traditionsbestand der Christdemokratie gehört hatten: Das galt für Recht und Ordnung in der Innenpolitik ebenso wie für eine betont nationale Außenpolitik, eine an traditionellen Rollenmustern orientierte Familienpolitik oder eine geregelte Zuwanderungspolitik.

In die Lücke, die sich bei diesen Themen im parteipolitischen Meinungsmarkt öffnete, stieß eine zunehmend rechtsextreme AfD, die nach 2013 sukzessive in alle Landesparlamente und den Bundestag einzog. Nicht nur frustrierte CDU-Anhänger liefen ihr zu, sondern auch von der FDP enttäuschte Nationalliberale sowie verbitterte Sozialdemokraten, die fanden, die SPD kümmere sich nicht mehr um die Belange des kleinen Mannes, und auch Protestwähler, die gegen das marktwirtschaftlich-demokratische System der Bundesrepublik waren und vorher zur Linkspartei gehalten hatten. Aus Kritik an der Europapolitik der Bundesregierung entstanden, verdankte die AfD ihre Erfolge vor allem dem Protest gegen die Flüchtlingspolitik, welche die deutsche Gesellschaft polarisierte wie kaum eine andere Frage zuvor. Zum Erbe, das Angela Merkel ihren Nachfolgern hinterließ, gehörten daher nicht nur die Anpassung der CDU-Politik an ein rot-grünes Meinungsklima, sondern auch ein ungeklärtes Problem am rechten Rand und die Frage, wie konservativ und wirtschaftsliberal die Union noch sein wollte bzw. sein musste, um die Stabilität der Republik nicht zu gefährden.

4. Corona

Der Ausbruch der Virus-Pandemie Covid-19, der Deutschland und die Welt Anfang 2020 mit großer Heftigkeit traf, markierte eine Zäsur. Die Infektionskrankheit rief die Macht des Zufalls in Erinnerung. Sie verdeutlichte, wie sehr das Schicksal von Menschen und ihren Gemeinwesen äußeren Einflüssen und Schocks ausgesetzt bleibt. Zugleich traf die Seuche auf Volkswirtschaften und Gesellschaften, die global derart ineinander verwoben waren, dass sie für eine weltweite Ausbreitung des Virus besonders anfällig waren. Die Folgewirkungen der Krankheitswelle legten besonders verwundbare Punkte der bestehenden Verhältnisse offen und beschleunigten Entwicklungen, die bereits vorher begonnen hatten.

Deutschland gehörte mit mehr als 3,6 Millionen bestätigten Fällen und über 88 000 Todesopfern (bis Ende Mai 2021) nicht zu den am stärksten betroffenen Ländern. Aber auch in der

Bundesrepublik gerieten Ärzte, Pflegekräfte und Krankenhäuser mitunter an die Grenzen ihrer Belastbarkeit. Große Teile der Volkswirtschaft wurden wochenlang, zum Teil sogar über viele Monate heruntergefahren, Büro-Arbeiten in die eigenen vier Wände verlegt, um die Verbreitung der Krankheit einzudämmen. Im April 2020 befanden sich über sechs Millionen Beschäftigte in Kurzarbeit, im November waren es immer noch mehr als zwei Millionen. Besonders hart traf es Branchen wie die Luftfahrt, den Tourismus, das Gastgewerbe, den Einzelhandel, Clubs, Galerien oder freischaffende Künstler. Das Bruttoinlandsprodukt ging 2020 um 5% zurück, fast so viel wie in der Weltfinanzkrise elf Jahre zuvor. Für die mehr als acht Millionen Schüler in Deutschland fiel monatelang der Unterricht aus oder wurde über Videokonferenzen und angeleitete Selbstarbeit in Kinderzimmer oder an Küchentische verlegt.

Obwohl warnende Stimmen seit langem auf die Gefahren einer weltweiten Seuche hingewiesen hatten und dem Bundestag im Januar 2013 eine Risikoanalyse vorgelegen hatte, die sich detailliert mit dem Szenario einer «Pandemie durch Virus Modi-SARS» auseinandersetzte, traf die Entwicklung Bund und Länder vollkommen unvorbereitet. Zur Bekämpfung der Pandemie griff der Staat tief in grundlegende Rechte und Pflichten der Bürger ein: Von der Freizügigkeit über das Demonstrationsrecht bis zur Schulpflicht wurden zahlreiche Bestimmungen des Grundgesetzes und der Landesverfassungen zeitweise drastisch beschnitten. Zugleich wurde ein Teil der durch die Notmaßnahmen verursachten finanziellen Schäden über Hilfsprogramme abgefedert, die größer waren als alles, was es in der Geschichte der Bundesrepublik bis dahin gegeben hatte. Dafür wurde die im Grundgesetz verankerte Schuldenbremse außer Kraft gesetzt. Erstmals seit 2013 schloss der Bundeshaushalt wieder mit einem Defizit ab; die Nettokreditaufnahme belief sich auf 130,5 Milliarden Euro.

Die Art und Weise, wie diese Regelungen politisch durchgesetzt und administrativ implementiert wurden, offenbarte die Stärken und Schwächen der Bundesrepublik im 16. Jahr der Regierungszeit Angela Merkels. Die Kanzlerin bewährte sich in der Anfangsphase der Pandemie als umsichtige Krisenmanagerin. Ihre Regierung schaltete so rechtzeitig auf den Ausnahmezustand um, dass ein Kollaps des Gesundheitssystems vermieden werden konnte. Die gigantischen Summen zur Dämpfung der Seuchenschäden wurden mit großer Zustimmung der Bevölkerung im Konsens aller politischen Parteien außer der AfD bewilligt. Die Abstimmung zwischen dem Bund und den für die Umsetzung der meisten Maßnahmen zuständigen Ländern über das in der Verfassung nicht vorgesehene Gremium ad hoc einberufener Krisentreffen der Bundesregierung mit den Ministerpräsidenten der Länder wurde freilich immer schwieriger und brach im Frühjahr 2021 in sich zusammen.

Mit zunehmender Dauer traten im Brennglas der pandemischen Notlage die Defizite des Merkel'schen Regierungsstils zutage. Nicht nur zu Beginn der Krise, als die Stunde der Exekutive schlug, sondern noch Monate später wurden wesentliche Entscheidungen auf dem Verordnungsweg umgesetzt. Der Verweis auf die Autorität «der» Wissenschaft, deren Erkenntnisse von «der» Politik lediglich umzusetzen waren, sollte lange Zeit politische Entscheidungen ersetzen, die in einer repräsentativen Demokratie nur nach strittiger Auseinandersetzung im Parlament zu erzielen sind. Die zynische Fundamentalopposition der AfD erleichterte es, abweichende Meinungen als verantwortungslos abzutun oder alle Kritiker des Regierungskurses als «Covidioten» abzustempeln. Der reaktive Politikstil der Kanzlerin war eher darauf ausgerichtet, im Namen eines Sachzwangs tatsächliche oder vermeintliche Alternativlosigkeiten zu exekutieren, als in unübersichtlichen Situationen Kreativität und Führungsstärke zu beweisen. Überdies waren die Verwaltungen von Bund und Ländern für den routinierten Vollzug eingeübter Verfahrensweisen besser geeignet als zur Bewältigung unvorhergesehener Notlagen, die Flexibilität und Initiative erforderten. Im Ergebnis war die deutsche Politik in der Corona-Krise relativ effizient im Verbieten, aber zögerlich in der Entwicklung und Ermöglichung neuer Ideen.

Die sozialen Folgen der Pandemie und der staatlichen Maßnahmen zu ihrer Eindämmung waren enorm. Durch die Verbreitung von Home-Office und Distanzunterricht erfuhr die

Gesellschaft einen gewaltigen Digitalisierungsschub. Ohne räumliche Trennung der Sphären flossen Arbeit und Freizeit ineinander. Videokonferenzen traten an die Stelle persönlicher Begegnungen. Streaming-Dienste ersetzten den Besuch im Kino oder Theater. Protestaktionen wurden von der Straße ins Internet oder in die Sozialen Medien verlegt. Der Online-Handel beschleunigte seinen Siegeszug und trieb den Niedergang des Einzelhandels weiter voran; das Szenario verödeter Innenstädte ohne Geschäfte, Restaurants und Cafés wurde realistischer. Zugleich verschärften sich die Konflikte zwischen den Generationen: Schüler, Studenten und Auszubildende sahen sich um Bildungschancen und Sozialkontakte betrogen – und zwar im Namen einer Krankheit, von der sie persönlich relativ wenig zu befürchten hatten, weil sie vor allem für Ältere gefährlich war.

Die Tendenz zur gesellschaftlichen Polarisierung vertiefte sich anhand neuer Bruchlinien. Einzelhändler oder Gastwirte reagierten verbittert, wenn Angehörige des öffentlichen Dienstes die Verlängerungen von Lockdown-Maßnahmen begrüßten. Intergenerationelle Verteilungskämpfe wurden heftiger, wenn die Jüngeren sahen, wie die von ihnen zu begleichenden Schulden wuchsen, während eine für 2020 angesetzte Rentenerhöhung allen Pandemiekosten zum Trotz ohne Abstriche stattfand. Auf Protestdemonstrationen gegen die Corona-Maßnahmen fand eine bunte Mischung aus Esoterikern, Rechtsradikalen, Verschwörungstheoretikern und besorgten bzw. betroffenen Bürgern zusammen.

In der EU verbreitete Covid-19 die Kluft zwischen den Ländern im Norden, die erwarteten, glimpflicher durch die Krise zu kommen, und südeuropäischen Staaten wie Italien, Spanien oder Portugal, die besonders heftig getroffen waren. Um der Spaltung entgegenzuwirken, verständigte man sich im Sommer 2020 auf einen gigantischen Wiederaufbaufonds in Höhe von 750 Milliarden Euro, der erstmals nicht aus Beiträgen der Mitgliedsstaaten finanziert wurde, sondern aus Zuschüssen und Krediten besteht. Aus Sicht der Bundesregierung handelte es sich um eine einmalige Kraftanstrengung, um den am stärksten betroffenen Ländern wieder auf die Beine zu helfen und die

Disparitäten zwischen Deutschland und Südeuropa nicht noch größer werden zu lassen. In Paris, Rom, Madrid und Brüssel ging man eher davon aus, dass es unter dem Druck der Krise und mit dem Appell an Solidarität und Mitgefühl gelungen war, die Deutschen über ihren Schatten springen zu lassen, endlich einer förmlichen und permanenten Transferunion zuzustimmen.

In Spannung zum Integrationsschub durch die gemeinsame Schuldenaufnahme stand die Tatsache, dass sich die EU in der Corona-Krise als schwache Akteurin zeigte. Handlungsfähigkeit beim Infektionsschutz erwarteten die Europäer zuerst vom eigenen Staat. In der Notlage erwies sich die Beharrungskraft der Nationalstaaten. Auch in der Bundesrepublik hatte der Schutz der eigenen Bevölkerung Vorrang, etwa bei der Beschaffung von Schutzmasken oder Beatmungsgeräten. Die Grenzen zu Nachbarländern wie Tschechien oder Österreich, von denen es auf dem Höhepunkt der Flüchtlingskrise fünf Jahre zuvor geheißen hatte, sie seien nicht zu kontrollieren, wurden ohne viel Federlesens vorübergehend geschlossen. Der EU-Kommission blieben in Ermangelung europäischer Zuständigkeiten im Gesundheitswesen anfangs nur vollmundige Ankündigungen. Als ihr im Sommer 2020 die europaweite Beschaffung der Impfstoffe übertragen wurde, traten Vorzüge und Nachteile des Handelns im Zusammenschluss von 27 Einzelstaaten zutage: Einerseits vermieden die Mitgliedsstaaten einen ruinösen Überbietungswettbewerb untereinander, und die EU erzielte gegenüber den Pharma-Unternehmen wegen der größeren Mengen, die sie abnahm, günstigere Preise als das kleineren Ländern möglich gewesen wäre; andererseits wurden die Kostenersparnisse mit erheblichen Verzögerungen bei der Anschaffung und kontraproduktiven Kompromissen bei der Auswahl der Impfstoffe erkauft, die aus Reibungsverlusten bei der Abstimmung im großen Verbund resultierten.

Im globalen Maßstab beschleunigte sich in der Pandemie der wirtschaftliche und politische Aufstieg Chinas. Die Volksrepublik kam besser durch die Krise als Europäer oder Amerikaner. Wie andere fernöstliche Länder hatte sie dem Westen nicht nur die Erfahrung der Sars-Pandemie von 2003 voraus und war dementsprechend besser vorbereitet. Von Vorteil war auch die stärkere Priorisierung kollektiver Belange wie Gesundheitsprävention vor individuellen Freiheitsrechten wie dem Datenschutz. Auch wenn sich unrealistische Horrorszenarien einer «Hygienediktatur» in Deutschland nicht bewahrheiteten, stellten sich manche doch die bange Frage, ob Demokratien gegenüber Diktaturen in Ausnahmesituationen nicht im Nachteil seien. Zugleich verschärfte sich durch die chinesische «Impfdiplomatie» und gegenseitige Schuldzuweisungen über die Verursachung von Covid-19 der weltpolitische Antagonismus zwischen den USA und der Volksrepublik. Schemenhaft begannen sich Konturen eines neuen Ost-West-Gegensatzes abzuzeichnen, in dem die Bundesrepublik mit ihrer sicherheitspolitischen Abhängigkeit von den USA und der engen wirtschaftlichen Verflechtung auch mit China zwischen die Fronten zu geraten drohte.

Protektionistische Tendenzen in der Weltwirtschaft, die in der Amtszeit des erratischen US-Präsidenten Donald Trump zugenommen hatten, verschwanden nicht mit dessen unrühmlichen Abgang nach dem Sturm seiner Anhänger auf das Kapitol in Washington im Januar 2021. Die Pandemie beförderte allerorten Staatsinterventionen ins Wirtschaftsleben. Sie befeuerte Diskussionen über kürzere Lieferketten für lebenswichtige Güter, während sie Lebensadern der globalen Vernetzung wie den zivilen Luftverkehr fast vollständig abschnürte. Die Finanzierung der Notmaßnahmen durch massive Erhöhung der Staatsverschuldung nicht nur in Deutschland und der EU, sondern weltweit ließ erstmals seit Jahrzehnten die Gefahren der Geldentwertung wahrscheinlicher werden, zumal die in das System gepumpten Summen anders als 2008/09 nicht bei den Banken verblieben, sondern die Konten und Geldbeutel der Verbraucher erreichten.

Ausblick

Das zweite Jahrzehnt des 21. Jahrhunderts war für die Bundesrepublik eine Boomzeit, die von den beiden schwersten Weltwirtschaftskrisen seit den späten 1920er Jahren eingerahmt wurde. Anders als in früheren Phasen war von der Hochkonjunktur jedoch weder ein europäischer Integrationsschub noch eine innenpolitische Konsolidierung ausgegangen. Im Gegenteil: Die EU geriet durch die Kumulation von Schwierigkeiten mit ihrer Verfassung und Währung, durch massenhafte Migration und wegen des Austritts der Briten in die schwerste Krise ihrer Geschichte. Im Innern der Bundesrepublik hatte sich das Parteienspektrum mit der Etablierung der AfD weiter ausdifferenziert. Mehrheitsbildungen jenseits einer stetig kleiner werdenden Großen Koalition aus Union und SPD wurden immer schwieriger. In der Covid-Pandemie erlebte Deutschland die schwerste Belastungsprobe seiner politischen Institutionen, gesellschaftlichen Bindekräfte und wirtschaftlichen Leistungsfähigkeit seit dem Zweiten Weltkrieg.

Zu Beginn der 2020er Jahre zeichnen sich die Umrisse neuer Verhältnisse ab, die dramatische Verschiebungen erwarten lassen: Die fortschreitende Digitalisierung wird Arbeits- und Lebenswelten verändern. Staatsverschuldung und Generationengerechtigkeit sind miteinander in Einklang zu bringen. Zur Bekämpfung des Klimawandels steht eine grüne Transformation von Wirtschaft und Gesellschaft ins Haus. Mit dem Ende der Ära Merkel werden die parteipolitischen Karten neu gemischt; dass die CDU das beste Blatt behält, ist nicht ausgemacht. Die Globalisierung stößt an Grenzen. Machtverschiebungen auf der Weltbühne beschleunigen sich. Das Verhältnis von Staat und Bürger, Individuum und Gesellschaft, nationalen Regierungen und der internationalen Staatengemeinschaft wird neu justiert. Die Menschen in Deutschland werden auch fortan mit Veränderungen zu tun haben. Ihr Leben wird sich wandeln. Die Geschichte der Bundesrepublik geht weiter.

Literatur

Arnulf Baring: Machtwechsel. Die Ära Brandt-Scheel, Stuttgart 1982.

Frank Biess: Republik der Angst. Eine andere Geschichte der Bundesrepublik, Hamburg 2019.

Frank Bösch: Macht und Machtverlust. Die Geschichte der CDU, Stuttgart und München 2002.

Karl Dietrich Bracher: Die deutsche Diktatur. Entstehung, Struktur, Folgen des Nationalsozialismus, 6. Aufl., Köln 1979.

Christopher R. Browning: Ganz normale Männer. Das Reserve-Polizeibataillon 101 und die «Endlösung» in Polen, Reinbek bei Hamburg 1993.

Norbert Frei: Vergangenheitspolitik. Die Anfänge der Bundesrepublik und die NS-Vergangenheit, München 1996.

Philipp Gassert: Kurt Georg Kiesinger, 1904–1988. Kanzler zwischen den Zeiten, München 2006.

Tim Geiger: Atlantiker gegen Gaullisten. Außenpolitischer Konflikt und innerparteilicher Machtkampf in der CDU/CSU 1958–1969, München 2008.

Manfred Görtemaker: Die Berliner Republik. Wiedervereinigung und Neuorientierung, Berlin 2009.

Hans Jörg Hennecke: Die dritte Republik. Aufbruch und Ernüchterung, München 2003.

Eric Hobsbawm: Das Zeitalter der Extreme. Weltgeschichte des 20. Jahrhunderts, München 1994.

Peter Hoeres: Zeitung für Deutschland. Die Geschichte der FAZ, Salzburg 2019.

Wolfgang Jäger, Werner Link: Republik im Wandel. 1974–1982. Die Ära Schmidt (Geschichte der Bundesrepublik, Bd. 4/2), Stuttgart 1987.

Christoph Kleßmann: Ein stolzes Schiff und krächzende Möwen. Die Geschichte der Bundesrepublik und ihre Kritiker, in: Geschichte und Gesellschaft 11 (1985), S. 476–494.

Daniel Koerfer: Kampf ums Kanzleramt. Adenauer und Erhard, überarb. Neuaufl. Salzburg 2020.

Ilko-Sascha Kowalczuk: Die Übernahme. Wie Ostdeutschland Teil der Bundesrepublik Deutschland wurde, München 2019.

Hans Kundnani: German Power. Das Paradox der deutschen Stärke, München 2016.

Melvyn P. Leffler: For the Soul of Mankind. The United States, the Soviet Union, and the Cold War, New York 2007.

Peter Lösche, Franz Walter: Die SPD. Klassenpartei – Volkspartei – Quotenpartei, Darmstadt 1992.

Steffen Mau: Lütten Klein. Leben in der ostdeutschen Transformationsgesellschaft, Berlin 2019.

Werner Plumpe: Das kalte Herz. Kapitalismus. Die Geschichte einer andauernden Revolution, Berlin 2019.

Heinrich Potthoff: Die «Koalition der Vernunft». Deutschlandpolitik in den 80er Jahren, München 1995.

Andreas Reckwitz: Die Gesellschaft der Singularitäten. Zum Strukturwandel der Moderne, Frankfurt am Main 2019.

Sven Reichardt: Das alternative Milieu. Antibürgerlicher Lebensstil und linke Politik in der Bundesrepublik Deutschland und Europa, 1968–1983, Göttingen 2010.

Andreas Rödder: Deutschland einig Vaterland. Die Geschichte der Wiedervereinigung, München 2009.

Tim Schanetzky: Die große Ernüchterung. Wirtschaftspolitik, Expertise und Gesellschaft in der Bundesrepublik 1966 bis 1982, Berlin 2007.

Helmut Schelsky: Wandlungen der deutschen Familie in der Gegenwart. Darstellung und Deutung einer empirisch-soziologischen Tatbestandsaufnahme, Dortmund 1953.

Axel Schildt: Das Jahrhundert der Massenmedien. Ansichten zu einer künftigen Geschichte der Öffentlichkeit, in: Geschichte und Gesellschaft 27 (2001) H. 2, S. 177–206.

Gregor Schöllgen: Angst vor der Macht. Die Deutschen und ihre Außenpolitik, Berlin 1993.

Hans-Peter Schwarz: Die Ära Adenauer. Gründerjahre der Republik 1949–1957 (Geschichte der Bundesrepublik, Bd. 2), Stuttgart 1981.

Ders.: Die Zentralmacht Europas. Deutschlands Rückkehr auf die Weltbühne, Berlin 1994.

Daniel Friedrich Sturm: Uneinig in die Einheit. Die Sozialdemokratie und die Vereinigung Deutschlands 1989/90, Bonn 2006.

Sebastian Ullrich: Der Weimar-Komplex. Das Scheitern der ersten deutschen Demokratie und die politische Kultur der frühen Bundesrepublik, Göttingen 2009.

Nina Verheyen: Diskussionslust. Eine Kulturgeschichte des «besseren Arguments» in Westdeutschland, Göttingen 2010.

Heinrich August Winkler: Der lange Weg nach Westen. Bd. 1: Deutsche Geschichte vom Ende des Alten Reiches bis zum Untergang der Weimarer Republik, Bd. 2: Deutsche Geschichte vom ‹Dritten Reich› bis zur Wiedervereinigung, München 2000.

Andreas Wirsching: Abschied vom Provisorium, 1982–1990 (Geschichte der Bundesrepublik, Bd. 6), München 2006.

Edgar Wolfrum: Die geglückte Demokratie. Geschichte der Bundesrepublik Deutschland von ihren Anfängen bis zur Gegenwart, Stuttgart 2006.